岩下明裕／竹中英俊 共編

日本政治学出版の舞台裏

編集者 竹中英俊の闘い

花伝社

竹中英俊氏（2022年、北海道大学スラブ・ユーラシア研究センターにて）

日本政治学出版の舞台裏——編集者竹中英俊の闘い◆目次

凡例

＊全体にわたり、聞き手は岩下明裕が務めた。
＊第一～五章の語り手は竹中英俊、第六章は竹中、石井彰、第七章は竹中、櫻井義秀である。
＊漢字は、いくつかの固有名詞を除き新字体とする。ただし、巻末の編集担当書目一覧は当該書籍に準じる。
＊言及される研究者の肩書きは、話題となっている当時のものである。また、研究者については、ほぼ全員が人名辞典やネットで調べることができるので、注を付することは省略する。

あとがきのような、はしがき

振り返ってみれば、本書の出版に至る経緯は、偶然でもあり、必然でもあったと思う。竹中英俊さんとのフィジカルな出会いは偶然であった。私が二〇〇八年から〇九年にかけて北海道大学スラブ研究センター（当時）のセンター長であった頃、東京外国語大学アジア・アフリカ言語文化研究所の運営委員もやっており、一橋大学の如水会館での会合が初対面だと記憶する。へえ、研究所の会議に出版社の人が入るの、とびっくりしたが、「剛腕編集者」という噂は知っていたから、そういう人選もありかと思った程度だ。笑顔だけど、目が笑わない。怖い人だなと思い、近寄らないようにした。

竹中さんが北海道大学出版会に相談役として来ると聞いた二〇一七年。私は出版会とご縁もあり、何冊かの本を編むだけではなく、監事として内情にも詳しくなっていた。ただ、当時は竹中さんが来られた意味をあまり理解していなかった。ほお、とは思ったが、それ以上ではなかった。

私との接点は、二〇二〇年一月の facebook での竹中さんによるつぶやきから深まる（第七章参照）。彼はいつもわかる人にのみ、わかるようなストレートなメッセージを書くのだが、このとき明らかに北大出版会に対する「絶望」が語られていた（もちろん、北大の名前など一言もないので、ほとんどの人には意味はわからないが）。出版会の懐具合を監事として熟知していた私は、ただ事ではないと直感した。すぐに連絡を取り、東京駅近くの地下でビールを飲みながら、話を伺った。このときは、出版会の内情を聞くのに終始したように思う。

編集者としての竹中さんとのご縁は、私の北九州大学、九州大学時代を通しての恩師である藪野祐三先生によってもたらされた。グローバルCOEプログラム「境界研究の拠点形成」による、ボーダースタディーズの立ち上げにもご尽力いただいた藪野先生とは、福岡に行くたびにお会いしていた。ふと竹中さんが北大出版会に来られたという話をしたとき、藪野先生は竹中さんとの本づくりが「幻」に終わったことを残念そうに、しかし眼を輝かされて話された。

先生はさらに、いまの日本の政治研究が現状批評にとどまっていることを嘆き、安倍晋三政権も含めた日本の政治を構造的な観点から捉える本を出したいとおっしゃった。対位法を軸に縦横無尽に世界の政治を斬ってみせる藪野政治学の学徒として成長した私は、先生の希望をかなえたいと北大出版会からの刊行を提案した。

先生の著書『現代日本政治講義：自民党政権を中心として』（二〇一九年）がこうして誕生するのだが、当然、竹中さんが編集を担当してくださった（北大出版会で最初に企画から手掛けられた本である）。薮野先生にここまで一目置かせる竹中英俊とはどういう人物だろうとがぜん興味がわいてきた。

竹中さんの技量に感服したのは、私が編者となった『北東アジアの地政治：米中日ロのパワーゲームを超えて』（二〇二一年）の出版のときである。これは人間文化研究機構「北東アジア地域研究」における共同研究の成果のひとつだが、北大出版会の担当編集者と一緒にタイトルをどうするか苦闘していた。北東アジアを語った本は腐るほどあり、これらとどう差別化し、新鮮味を出すかがなかなか見えなかった。竹中さんは、編著の序章で私が使ったキーワード「地政治」をそのまま使えと示唆された。私はびっくりした。手垢がついたマジックワード「地政学」への批判を込めた「地政治（geo-politics）」は、大阪市立大学の山﨑孝史ら政治地理学者たちが提唱する概念だが、一般はおろか、学界においても知られざる言葉である。本書を手に取った方々も「地政治」など聞いたこともなかろう（あえてここでは説明しない）。出版業界で未知のタームをタイトルに使うなど非常識の極みとも思える。実際、私が旗を振ってきた「ボーダースタディーズ」でさえ、本のタイトルとしては長年、忌避される傾向が続き、「国境学」となったこともある。だが竹中さんが私たちのトレンドを先読みして、これを提案されたに違いないと、いまの私にはよくわかる（第六章を参照）。

偶然が必然へと決定的に変わった瞬間は、この本のブックトークを出版会の主宰下で、オンラインで実施したときだ（二〇二二年三月三日）。ラジオのライブで鍛えられてきた私は、一人語りよりも、予定調和を壊しがちな生対談が好きである。そこで、竹中さんに横に座ってもらい、生でかけあうかたちでならば、という条件でこれをお受けした。もっとも竹中さんのパブリックな場での発言は、予想外に、固めで融通にかけるきらいもあり、あまり面白くはないと感じたが、それでも無茶ぶりやとりとめのない話を展開しがちな私のトークの良い押えにはなったろう。当然、終了後は、札幌駅近くの地下でビールをご一緒した。

この夜は格別のものとなった。ソ連政治史研究から身を起こした私にとって、竹中さんが関わったソ連、ロシア、東欧研究の諸先輩たち（主に東大だが）との交わりのエピソードは衝撃的であった。具体的には到底、ここでは書けない内容だが、本づくりの裏話や人間関係、そして著者たちの力量への温かみはあるが、辛辣な評価。しかも、これは一部であり、序の口だと言う。その言葉の端々から、私が若いころ勉強した政治学の「巨人たち」の名前も挙がった。興奮のあまり、その夜は眠れなかった。

思いついたのが、竹中さんからの聞き書きであった。正直言えば、聞き書きをして竹中さんの本を作りたいと提案したとき、受けてくださるとは思わなかった。実際、これまで竹中さんに対して、本を書かないかという提案は数多くあったという。竹中さんはそれを一切、受けなかった。今回、私の提案を受けた理由は、ご自身の手によるあとがきにゆずるが、その一つは私が東大（法学部）政治学と全く関わりのない、しがらみのなさだと推察する。

さて二〇二二年五月から九月にかけて、竹中さんが北大出版会の用務で札幌に滞在される機会に、二時間程度の聞き取りを四回、行った。もちろん、終わった後は、どこかで一献やるのだが、さらに一〇月には東京で、一二月には忘年会を兼ね札幌で、それぞれゲストを入れた鼎談を行い、本書のコンテンツがほぼ完成する。本書の構成はおおむね、聞き取りの時系列にそっているが、基本的に次に何を訊くかという前ぶりなしに、自由に議論をするかたちで進めていったので、章のなかの順番は必ずしも時系列ではない。竹中さんからすれば、次に何を訊かれるか、予想できなかったことも少なくないと思う。その意味で、本書は予定調和とは程遠いプロセスで生まれている。

他方で、私は竹中さんから事前に頂いた、これまで手がけた書籍一覧（巻末）を睨みながら、毎回、思案を続けていた。聞き取りと聞き取りの合間に、発行部数（本書では省略）や短評までついたこのリストのなかで、私が鍵とあたりをつけた本を手あたり次第、図書館の書庫から引っ張り出して読む。これはある意味で懐かしさとともに、自分の研究の歩みを振り返る作業となった。なぜなら、いかに私が竹中さんの手がけた本のなかで育てられてきたかを知ったからだ。いわば、竹中さんは私の「恩師」であり、竹中さんの仕事がなければ、いまの私の仕事もなかったと気がついた。出会いはかくて必然だと意識された。

それゆえ、最初にお断りしておかねばならないのだが、本書で収録した著作や著者への言及は、かなりの程度、私の好みが反映されている。実際、インタビューではもっと多くの著者や著作にも言及がなされていたが、私が竹中さんの中に見た「政治学ストーリー」のなかに、収まりきれないものも多く、本書では泣く泣く割愛したものも少なくない。その意味で、本書で言及されなかった先生方については、私の力不足によるものとお許しいただきたい。また言及した先生方についても、私の誤読や思い違いによるものも多々あると自覚している。いささか私が誘導したがゆえに、辛口になった部分もあろう。あくまで竹中さんと私の切り結んだ空間における「読み物」であり、責めは私が受けるべきである。

ここで、もう一つの偶然のような必然についても触れておきたい。国際書院の石井彰さんについてである。第六章の鼎談（二〇二二年一〇月二四日、国際書院にて）に詳細はゆずるが、私にとって「恩人」でもある石井さんと竹中さんのおつきあいを伺ったことも、本書をつくる際のエネルギーになった。本書の企画は出発点において、「編集者としての竹中英俊」をテーマにしようと考えていた。他方で聞き取りの動機は、日本の政治学（とくに東大政治学）の生成と発展について、竹中さんを通じて語らせたいというものであった。果たして、編集と研究の話をどのようにバランスを取るか、難問であった。

正直に言えば、石井さんとの鼎談をやる前まで、本書が成立するのかどうか自信がなかった。

もちろん、石井さんは政治学を含む、人文社会系の出版を幅広く、独立した個人出版社で手掛けられていたから、東大出版会とは違う流れを鼎談でぶつけることができるとは思っていた。石井さんは竹中さんとなら喜んでやると快諾くださり、楽しみにしていた。ところが、ふたを開ければ、「楽しく」などという生易しいものではなかった。竹中さんと石井さんという個性の違う二人の生きざまと思想が熱くぶつかり、共鳴した。そのなかで「出版人」というキーワードと出会うことになる。

「出版人」。編集者も著者も、そして本づくりに関わるすべての人の総称。このキーワードを通じて、前段の竹中さんの政治学の本づくりの話と後段の編集に関わる様々な逸話が交錯した。自然と最終章では、櫻井義秀理事長をお招きして北海道大学出版会そのものを学術出版の未来と重ね合わせるかたちでまとめることとなった（二〇二二年一二月一六日）。

その意味では本書は、いわゆる編集者が自ら書いた凡百の出版物とは一線を画していると私は考える。本書の射程は、日本の政治学の歩みに関心をもつ幅広い読者、本づくりに関わりをもつ、あるいはもちたいと考える老若男女すべてに開かれている。竹中英俊という一人の「出版人」の生きざまのなかにある、学術出版の軌跡と学問の可能性が本書には凝縮されていると思う。

若い読み手には、古い先生方の名前や著作の博覧強記にやや振り回されるかもしれない。だが、現在はこれまでの知的営みの積み重ねであるとともに、その積み重ねを崩し、越えようとするところから始まる未来への通過点に過ぎない。本書が竹中英俊という人物を素材に、日本の人文社会研究の在り方、そして学術出版の今後に少しでもつながるものとなれば、本書の企画者としては本望である。

二〇二四年九月

岩下　明裕

第一章　黎明期の東大出版会

ほぼゼロからの出発

――竹中英俊と言えば、知る人ぞ知る、戦後日本の社会科学、とくに政治学の流れのひとつを作ってこられた編集者です。そしてその半生は、東京大学出版会とともにありました。まさに「東大出版会イコール竹中」というイメージが私たちのなかにはあります。そこで今日はその出版会の話から伺いたいと思います。いま東大出版会で本を出したいという研究者は数多いと思いますが、まずは東大出版会そのものについて教えてください。

東大出版会は、国立大学の出版部としては一番古くて、設立は一九五一年三月になります。私立大学の出版部はもっと古く、もっとも古いのは、大学となる以前ですが、一八七二年に福沢諭吉がおこした慶應義塾出版局です。次いで中央大学、専修大学、早稲田大学の前身が続きます。私立の専門学校のもとで講義録の出版がなされたのです。いま組織体として当時から継続して出版活動をし続けているのは早稲田大学出版部だけです。

東大出版会を最初に立ち上げた時に出版実務を担ったのは、みな二〇代の若者でした。会長は南原繁東大総長、ついで矢内原忠雄総長。理事長は経済学部の有沢広巳先生、有力理事の一人は文学部社会学の福武直先生などで、理事はみな東大の先生で、当初は理事会が出版企画をリードする態勢として構想されました。

――当時はどういう方向性で、どのようなものを手掛けられていたのでしょう。

東大出版会の前身ないし母体のひとつは東大協同組合出版部です。大学生協の一部門です。刊行物として代表的なものが『きけわだつみのこえ』（一九四九年）であるように、学生主体であって、また学生運動との関わりが強かったと言われています。それが前身ですが、東大出版会の有沢初代理事長は、学生出版とは異なる大学出版を目指しました。東大のスタッフを書き手として質の高い学術書を刊行することを第一に置き、また大学教育に資する教科書・教材の刊行を掲げました。

東大のスタッフによる企画、もしくは東大の先生方の推薦による企画を主とする方向を目指したのです。大学出版会の活動はアカデミズムが中心でなければいけないという方針をたてました。

前身のひとつである東大協同組合出版部は、一九四七年の発足。当時の時代背景もあって、学生で左翼運動をやっていた人たちが多数関わっていました。刊行物も学生向けの教科書や教養書、また専門研究書のほかに、学生運動関係のものもありました。ただ、素人運営なものですから、経営面での問題を抱え、結局、東大協同組合本体から切られ解散することになりました。一九五〇年秋から冬にかけてだと思います。その時切られる立場の出版部にいたメンバーの石井和夫が大学出版部を創ろうではないかと言って動いたのです。

実はそれ以前一九四八年ですが、南原繁総長は、東大新聞社を中核に大学出版部をつくる構想を持っていたのです。東京大学新聞出版社という名称でした。それが、GHQの政策変更により、大学新聞への紙の配給が削減され、東大新聞社が立ち行かなくなり、それにともない南原構想も頓挫していたという経緯があります。そこで大学出版部をつくろうという協同組合出版部にいた石井和夫の思いと南原構想をつないだのが、有沢、福武両先生なのです。実際、南原総長も賛成され、ご自身が大学各部局を廻って、大学出版部をつくりたいから役員を出してくれと要請するほど熱心に取り組まれました。

——大学当局の動きがあったのですね。お金も出してくれましたか？

当時は、大学出版部は学内組織の一部としてつくることはできませんので、民間団体です（それもあって、当初、東京大学出版部という名称でスタートしましたが、財団法人としての審査の際に文部省では認められず、東京大学出版会ということになったのです）。したがって東大からの公費は一切出ていません。ただ大学出版部発足にあたって東大の先生方の有志から一口五〇〇〇円の寄付を仰ぎ、また南原総長自身がポケットマネーで三〇万円を出したそうです。財団法人のための目標額は一〇〇万円だったらしいのですが、七〇万円しか集まらなかったということです。そこで最初は協同組合出版部の財産を有償で大学出版部に譲渡してもらうかたち、つまり、協同組合出版部がこれまで作った本の在庫などを全部買い取るかたちで始まったのです。定価の一掛けだったそうです。いわば、協同組合出版部を引き継ぐかたちをとったので、東大出版部はすぐに出版活動ができるようになりました。ただ以前のアクティブな部員たち、自分たちで自主的に企画を立て自由に出版活動をしたいと考えていた一部のメンバーは、企画の主体が教員理事になり、自分たちの出したい本が出しにくくなるという理由で辞めて、学部、大学院での学業に専念することになったそうです。

――さて新体制ができましたが、そこから出版会はどうなったのですか？　書き手のリクルートなど大変だったでしょう。

南原繁東大総長が東大出版会会長で、経済学部教授の有沢広巳先生が東大出版会理事長という体制です。南原会長は実務にはタッチしませんでしたけど、学内的にも学外的にも影響力が大きい存在でした。他方で、有沢理事長は実務面への配慮もよくされる方で、学生上がりの編集部員には岩波書店に行って勉強して来いと言っていたそうです。ですから、本作りについては、岩波書店に学ぶというのがスタートだったと思います。

ただ、最初は東大のスタッフから書き手を得ることが困難でしたから、著者の発掘が大変でした。つまり、東大出版会は当初、学部の先生方からは相手にされませんでした。特に、法学部、文学部、経済学部、農学部。さらに自然科学は弱かった。

——人文社会系の学部の先生方は、岩波書店や有斐閣にがっちりおさえられていますからね。とくに法律の研究者は。

出版依頼に先生を訪ねて行っても相手にされず、一〇年後に来いとか、そう言われたらしいです。旧帝大時代からの学部に入り込むことは簡単ではないので、戦後にできた学内組織に入り込むことになったのです。具体的には、教養学部、教育学部。それから社会科学研究所などです。

一方で、在野の研究会の企画にも積極的に取り組みました。歴史学研究会などが代表的な例です。

――それでわかりました。なぜ研究所の方の本が多いのかなって。

研究所としては、新しい社会科学研究所だけでなく、戦前からある東洋文化研究所、史料編纂所などの仕事も手掛けるようになりました。また、研究所の企画は共同研究も多いのです。その共同研究には学部の先生方も入ります。そのツテで著者層を広げていくことができる。学部の先生が編者的な役割を果たしたりする研究所企画を手掛ければ、さらに諸先生方と顔をつなげることができるのです。また、教養学部ではその紀要の製作を引き受けて先生方とつながることから始めました。

東大出版会が東大の中で認知されていくプロセスがこうして始まりました。おそらく一九六〇年代初めぐらいまでかかりました。一〇年ですね。

飛躍のステップ

――認知させるための、画期的な本というのがありそうですが。これが東大出版会だという代表作を教えてください。

それは一九五二年一二月に出版された丸山真男の『日本政治思想史研究』です。

――やっぱり丸山になるのですね。よく書いてくれましたね。

それは「丸山眞男と東京大学出版会」(『丸山眞男手帖』六九・終刊号、二〇一四・八、丸山手帖の会)に詳しく書いています。丸山の師であった南原繁がつくった東大出版会ということで南原の影響は大きいですが、それだけではないようです。先ほど触れた社会学の福武直先生の力も大きいです。丸山先生と福武先生は同世代で親しくされていました。当時、丸山先生が自宅を建てようとしていたけれども、その当時は助教授であって、銀行は助教授に金を貸してくれなかったそうです。

――東大でも?

そうだったそうです。住宅金融公庫は貸してくれますが、それでは資金不足であったようです。そこで福武先生が、東大出版会が印税を前払金として提供すると丸山先生に提案しました。つまり、住宅金融公庫から借り、岩波書店からも印税を前借りし、あとは東大出版会ということです。当時の東大出版会の場合、印税前払いは理事長決裁、つまり有沢先生の決裁となります。福武先生が有沢先生に相談し、当時で二〇万円です。『定本　丸山眞男回顧談』（岩波書店、二〇一六年）では一五万円となっていますが、東大出版会の当時の担当者である石井和夫によれば二〇万円です。だから、丸山先生の『日本政治思想史研究』を刊行することができたのは、南原繁のつくった東大出版会という設立背景に加えて、このお金のおかげです。ただ、誤解のないように言っておけば、当時の出版業界で印税の前払いというのはよくあったことです。

――今は印税もない（笑）。逆に本を出すなら金を払えと。

印税前払いがよくあったと言っても、どの出版社も見込みのある人にしかやりません。東大出版会の記録では、個人情報なので表には出せませんが、一〇人ほどの著者には前払いで企画の約束をしていいます。もっとも、きちんと本を書いてくれたのは半分です。

――そのときどうするのですか、金は。

いや、もうそのままですよ。業界的にはそうです。岩波書店でも、岩波新書一冊分の印税を初刷り分払って、書いてくださいと言って、それでそのままネコババということも（笑）。これは、当時、よくあった話です。

――その後、学術書の企画が順調に回るまではまだ一〇年ぐらいありますね。丸山の本の後、次のステップはどうなりましたか？

山田宗睦《むねむつ》という『危険な思想家』（カッパ・ブックス、一九六五年）と題するアブナイ本を書いた人がいますが、彼が当時、東大出版会に編集者でいました。京都大学出身で東大出版会に一九五二年に入りました。なかなかのやり手でした。「日本歴史講座」とか「日本文学講座」とか「近代日本の思想家」シリーズとか、とにかく講座シリーズものを仕掛けました。学会や研究会組織の若手中堅の中心メンバーと親しくすることで、企画をつくってきたようです。

――それは東大の先生に限らないのですね？

はい。限りません。東大出版会の理事会にとっても、学会は大事なところですから、東大の先生に限りません。いま振り返ると、この時期、学術論文というよりは、よりエッセイ的なものが講座を構成する論文として並んでいます。いずれにせよ、一九五〇年代はこれらでつないだと言えると思います。ただし、好意的な東大の先生から、より東大にシフトする企画を立てるべきだというアドバイスもあって援助されたとも聞いています。

――では、一九六〇年代に入って、転機となるような学術書群というのは、どういうものがあるのでしょうか？

まずは一九五八年ですが、東大出版会刊行助成という自前資金で学術書企画を募り刊行する制度を始めました。資金的余裕がないなかでよく決断したと思います。そのころ月末の印刷所や製本所への支払い時期になると、当時の事務局責任者は姿を消していたという話を聞かされましたが、背伸びをして始めた東大出版会刊行助成を通じて、自然科学の分野をも対象にして、年間三点から五点の、若手中堅の優秀な学術論文を責任をもって出しますと宣言しました。これで出版会は、若手や中堅で本を出したい人たちに積極的に食い込んでいくことになります。

その若手には指導教員がいます。今より研究者の師弟関係が強い時代ですから、上の指導教員の先生方にこの東大出版会刊行助成制度による若手研究者の出版が感謝されるわけです。そうすると自分の弟子がお世話になったから、自分も東大出版会で書かなければならないという雰囲気になります。これで著者層が格段に広がりました。

その中で自然科学分野も動き始めます。一九五七年に茅誠司先生が東大総長になり、東大出版会会長になります。南原、矢内原の次です。茅先生が自然科学分野の本を出版会から出すことに積極的な姿勢を示してくれました。東京工業大学の前身の東京高等工業学校と東北帝国大学の出身で北海道帝国大学の教授も務められた先生は日本学術会議の会長までされた方で、それを途中でやめて東大の総長になったのです。同時期、農学部の化学の神立《かんだち》誠先生が東大出版会理事長となって自然科学分野の出版に勢いがつきました（この辺りについては拙文「東京大学出版会の三代のクリスチャン会長：南原繁、矢内原忠雄、茅誠司」南原繁研究会編『南原繁と憲法改正問題』横濱大氣堂、二〇一八年、参照）。

そして一九六〇年代と言えば、高度成長期で大学が増える、図書館が増えます。そうすると本が……

——売れるわけだ。

大学の設置基準のひとつには図書の整備がありますから、内容の硬い本や史資料でも出せばそれなりの需要があったという時代が一九六〇年代であったと思います。急成長しました。そしてもう一つの転機が一九六八年の全共闘運動を経た一九七三年のオイルショックから一九七八年の筑摩書房の倒産に至る時期です。これらが学術出版業界に与えた影響は深刻でした。

筑摩書房の倒産の理由は、硬い本が売れなくなったためと当時言われ、また「良心的出版社を守れ」というキャンペーンが張られました。それはその通りですが、後に出た社史などを読むと、あまりにも手を広げ過ぎたのが原因だとわかります。つまり、世界音楽全集や医学のシリーズなど、高額商品のセットを、全国に社員が回って売っていく。これをやろうとしたわけです。

——丸善みたいなことをやろうとした。

丸善ほどの図書館に対する強固なネットワークがあれば可能でしょうが、筑摩にはないのに手がけたわけですね。一九七〇年代は筑摩のブランドであった個人全集や文学全集などが売れなくなってきた時代なのです。だから、おそらくそれを補うために、さらに幅を広げたのですが、裏目に出ました。

——それは筑摩がつぶれたという事実以上に、時代の転換を語っておられるのでは？

そうです。岩波書店の学術書が売れなくなっていくのもこの時期であり、一九八〇年前後には岩波書店は学術書を積極的に企画することを控えるようになります。そこでその頃から岩波書店や中央公論社、筑摩書房などから学術書を出していた研究者たちが、東大出版会に企画を持ち込むようになってきます。

東大出版会は岩波書店や中央公論社などのような方向転換ができませんから、学術出版を継続するしかない。学術書が売れないから学術書を出しませんと言ったら、大学出版会の存在意義はなくなります。

岩波書店に関して言えば、当時は国の助成金、文部省〜日本学術振興会などの助成制度に依拠して出版する方針はとっていませんでしたので、出版助成金を背景とした学術出版をする方向には行かなかったと思います。

――なるほどね。それはきついな。

そう。でも東大出版会にとって出版助成金はウエルカムです。文部省の刊行助成制度のみならず、当時、大学出版部協会が働きかけてつくられた日本生命財団の学術出版助成制度などを活用して、学術書出版を維持し続けました。それとともに、独自企画の出版物も増えていきます。

――そこで竹中さんの出番になるわけですね。

わたし以前、創設時から独自企画の開発は積極的にしてきています。わたしが編集局編集部に異動したのは一九八〇年一一月であり、以上に述べたような出版界の転機の最中でした。

編集部へ異動

――では、ここからは竹中さんの人生と出版会の歩みが重なるので、話題を変えて、出版会に入るまでの竹中さんのことをお聞きします。今までの話でうかがうと、竹中さんは全共闘世代を斜めに見ていた世代ですね。

そうです。わたしは一九五二年一月生まれで、一九七〇年に早稲田大学政治経済学部政治学科に入学、一九七五年に卒業しています。大学は五年いました。四年でも卒業できたのだけど、もう一年いたいと思い、単位二科目残して、留年しました。

――え、文学部だとばかり思っていました。

その印象は間違っていません。わたしは政治学科でしたが、文学への関心が強くありましたので、友達から、お前は政治経済学部文学科だと言われていました。

東大出版会には大学卒業前の一九七四年の一〇月、中途採用で入りました。でも編集部ではありません。委託製作部門での募集があり、わたしの大叔父で出版社「英宝社」を経営していた佐々木峻の知り合いである石井和夫が東大出版会にいて、応募をすすめられました。一三〇人ほどの応募者があって採用は一人。入れるとは思わなかったですね。

最終選考に残り、決め手は、わたしが五代同居で一一人家族であったからと後に聞きました。安定した家系で、大家族で揉まれているから、性格的にもいいのではないか、と。

――オイルショックの後、就職が厳しい時期ですよね。在学中は就職活動はしなかったのですか。

大学四年生のときは就職活動はしていないですが、五年になって大学に行ったら、誰も知っている人がいない（笑）。みんな卒業していて。もっともわたしは図書館で好きな本を調べるのが日常でしたし、二年のときから親の仕送りもなく、アルバイトで学費も生活費も稼いでいました。それで食っていけると思っていましたので、四年時まで就職活動をしなかったのです。

――何のアルバイトですか。

英宝社で大学一年生の時から、返品された本の改装などのアルバイトを飯田橋の倉庫でしました。他にエレベーターの取り付け工事とか電気工事、大学の三年の時からは家庭教師の口がいくつかあって、中学生に教えていました。

――でも出版会に就職したのは、編集者になりたいとか、本が好きだからじゃあないのですか。

本は好きでした。出版業界に入りたいということは、大叔父に話したのです。なるべく文学関係をやりたいと。そこで講談社や、筑摩書房、福音館を受けました。でもすべて応募書類段階ではねられました。面接にも進めない。自分は社会的には無用の存在なのだと思わせられましたが、自分は石ころに等しい存在だと思っていましたので、落ち込むことはありませんでした。

――岩波は受けなかった。

岩波書店は縁故がないとだめなのです。

――そうでした。ところであまりしゃべりたくないかもしれませんが、学生時代に丸山真男とかたくさん読んでいらっしゃったのでしょうか？　正直に（笑）。

早稲田の政治学科で政治学の授業を一年時から取ります。そうすると、丸山真男を読めと授業の中で何人かの先生から言われるわけです。主著が『日本政治思想史研究』だというでしょう。大学一年のときの年末に入手しました。開いてみたら一ページ目から難しくて分からない、ヘーゲルでしょう（笑）。で、専門書よりは一般読者向けの本から入ろうと思って岩波新書の『日本の思想』を読みましたが、これも難しい。『増補版　現代政治の思想と行動』（未來社）は厚いけど読み通しました。自分の理解度を棚にあげて言えば、一九七〇年代の現代的課題との関連では隔靴掻痒の感じで、あまり感心しませんでした。正直に言えば、『日本政治思想史研究』で挫折して、政治学からちょっと離れてもいいや、自分には政治学そして丸山真男は無理かなと思いました。でも、また授業で言われるのです、丸山を読めと。そして文学や歴史や思想には強い関心を持っていましたので、そうか文学や歴史や思想と政治学との接点として、政治思想史という分野があったなと気が付くわけです。

それで、松本三之介先生（当時、東京教育大学）が早稲田の政経に非常勤で教えにいらしていて、「日本政治思想史」の講義を持たれていました。二年生の時に受けましたが、これが結構面白かったのです。また二年生の時の一般教養ゼミで、契沖研究者の林勉先生のもとで、古事記、万葉集、日本書紀の一部、また本居宣長の主著を読みました。その後、三年生の時に専門ゼミを取るのですけれど、早稲田の政経学部には藤原保信先生がいらしたのですが、先生がちょうど海外に行く時期に当たったので、明治学院大学から非常勤で来ていた渋谷浩先生という、藤原先生と同じく堀豊彦先生門下の方の政治思想史ゼミに出ました。渋谷先生はイギリスのピューリタン革命期の研究者で無教会主義者の方で、そのゼミを取ったのですが、先生とそりが合いませんで（笑）。途中で出席するのをやめちゃいました。でもこの渋谷ゼミで、翻訳を通してですがホッブズとかロック、ルソーを読む機会にはなりました。ルソーと本居宣長の比較などという無体なことを目指したことを覚えています。

——政治思想の研究はたくさん読んだのですか。トクヴィルとか。

トクヴィルは井伊玄太郎訳の『アメリカの民主政治』が政経学部の図書室にあり、それを借り出して読んでみたら、分からない。その後、翻訳に問題があることを知りましたが、学生の時はそうとは知りませんでした。後年、岩波文庫で出た松本礼二訳の『アメリカのデモクラシー』を読んでみて、政治と人間とについての深い洞察、デモクラシーとその危機についての予言的な考察など、恐るべき本だと思いました。学生の時に読めなかったのは残念でした。

——ちょっと待ってください。政治学のことを中心にやる編集者としての竹中さんですが、今のお話だけ聞くと学生時代に政治学を勉強している優秀な学生には、まったく聞こえないのですが。古典は読まなかったのですか。マルクス、ヘーゲル。

マルクスやヘーゲルは授業とは関係なくても、当時の学生として結構読んでいました。『資本論』にも挑戦しました。読み通したのは後年ですが。

――レーニンとかトロツキーとか？　ヨーロッパのマルクス主義は？

トロツキーまでは読まなかったけど、レーニンの『帝国主義論』や『何をなすべきか』とか、必ず読むべきものだとされた時代風潮でしたので、一通りは読んでいましたが、それ以上ではないです。

――うーん、そうすると失礼ですけど、学生時代の読書の幅を考えると、編集者になってからの八面六臂の活躍とギャップがすごくあるのですが。

その通りです。その点はわたしも自覚しています。

――だとすると、いつ頃から今のご活躍の原型ができたのでしょうか？　出版会に入ってすぐは編集者ではなかったとおっしゃいましたよね？

当時、出版会編集局編集部で主に政治学を担当していた方が退職しました。それで、政治学担当のポストが空いたわけです。東大出版会の上の方がわたしの経歴を見て、竹中は政経学部の政治学科の卒業だと（笑）。やれるのではないかと誤解されたのがきっかけです。

それまで配属されていた委託製作部門というのは東大出版会の中では、編集部よりワンランク下に見られていました。企画を立てるところではなく、著者や学会から持ち込まれ、わたしに与えられた企画の本づくりのみをしていました。これは、いわゆるお金がついたものをやる仕事です。偉い先生、名誉教授がこういう本を出したいと言う、売ることを目的としたものではないので経費は著者が負担しますと。多くは非売品です。それから、学会でも学会誌や非売品の書籍をつくるでしょう。これらを請け負う仕事です。

これは何でもありです。英文のものもやる。自然科学もやる、人文社会は全部やる。だから、このときの経験で、どんな専門分野からどのような企画が来ても、動じなくなりました。本作りは内容について詳しく知らなくても、パターン化することによってできます。後から見れば、いい経験になりました。コスト計算ができるようになりましたね。相手の懐具合に応じて、紙はどういうものを使うかとか、印刷所の選定も著者がたくさん負担してくれるのなら、例えばトップクラスの精興社を使おうとか。資金的に厳しい場合は、当時は、韓国の印刷所を使うとか。ともかく、著者との交渉から印刷所、製本所、用紙店との交渉まで、全部仕切りました。

その部門で求められるのは編集ではありません。内容について意見を言って、こうした方がいいのではないか、目次はこうした方がいい、この表現はこう変えた方がいいなどについては基本的にはやらないのです（誤字脱字や、おかしな文章については指摘しましたが）。ですから、この六年の経験を積んだから、編集部に異動して、担当の学問分野について不案内であっても、「本作り」の仕事についてはこなせると思いました。

——この時期、楽しかったですか？ 与えられた仕事だけやっていたら、嫌になったりしませんでしたか。

仕事と自分の関心とを切り分けて日々を送ることができるという点ではよかったですね。だから、仕事とは関係のない、文学と現代思想をたくさん読んでいました。つまり、勤務時間が終わったら、仕事とはまったく別の対象に自分を振り向けることができるわけです。頭の切り替えができました。これが編集者になると、この頭が切り替わらない。編集者になったらまったく二四時間勤務態勢で臨まないといけないですから。

――やはり文学を読まれていましたか？　何を？

何でも読んだと思います。日本文学も外国文学も。日本文学で言うと、若いときに一番好きだったのは北村透谷。あと島崎藤村とか横光利一とか太宰治とかですね。戦後ではやはり大江健三郎や高橋和巳。大岡昇平も大好きでした。現代詩では、圧倒的に石原吉郎に惹かれました。それに鮎川信夫や田村隆一ら「荒地派」の詩人。そして吉本隆明や清水昶。

外国ではまずトルストイ。『戦争と平和』や『アンナ・カレーニナ』。それからドストエフスキー。アメリカではユダヤ人作家のバーナード・マラマッド。これは神保町でペーパーバックなどを見つけて英文でも読んでいました。『魔法の樽』とかです。英語は好きだったから。委託製作部門にいた時にも英文書をつくること自体には抵抗感がありませんでした。もっとも編集部に行ってから英文とは離れてしまい、英字新聞を読むこともやめ、いまはダメです。

――では、天から降ってきた異動の話に戻します。

繰り返しになりますが、東大出版会委託製作部門は出版会の中で編集部よりワンランク下に見られていましたから、二〇代ということもあり、その点については鬱々としてはいました。

人間の才能は埋もれるものだという諦念を抱いて生きていました。

異動の話がきたとき、カバーする範囲は社会科学、主に政治学と経済学と言われました。政治学については大学時代に勉強をしていなかったことについて自覚的でしたので、自分には政治学はできそうもないと思いました。一方、マルクスや隅谷三喜男『日本賃労働史論』をはじめとする労働問題関係については関心をもって読んでいましたので、経済学、労働関係だったら多少やれるかもと思いました。個人的には、古典文学にも関心をもっていましたので国文学、また、近代文学や比較文学を担当したい気持ちもありましたが、その分野については既に担当者がいましたので。

編集部に配属されても、最初はもちろん、企画立案なんてできっこありません。ただ、上の方からやれと言われたものを手掛けました。それが労働関係でした。

——労働関係が多いのはなぜですか。社研があるから？

東大出版会は労働関係では実績がありました。大河内一男、隅谷三喜男、氏原正治郎の名前が上がります。その系譜を継ぐ山本潔『自動車産業の労資関係』（一九八一年）、兵藤釗《つとむ》『現代の労働運動』（一九八一年）を異動してすぐに担当しましたが、上司の山下正が企画を立てていたものです。まず、それをやれと言われました。その後、労働ものが続いたのは、その分野を任されたからです。

——ではいよいよ編集者になった竹中さんの仕事を追います。

第二章　八ケ岳の神々

政治学への道

――竹中さんが政治学へと関わっていく話を伺います。出版会で政治学は竹中さんが始めたわけではもちろんないですよね。

もちろん、先に話しましたようにその前に一九五二年刊行の丸山真男『日本政治思想史研究』や斎藤真ほか『政治：個人と統合』（UP選書、一九六七年）はじめたくさんの政治学分野の刊行物がありますから、その流れを引き継いで、あとはわたしがやるというかたちになりました。わたしの立案した政治学分野の企画が刊行されるのは一九八三年度以降になります。最初は与えられたものをやりながら、著者たちについて勉強していくかたちになりました。東大出版会の場合、重版は、その分野の担当者がやります。つまり、政治学の分野の重版はわたしの担当になるわけです。でも、わたし自身は今までその著者に会ったことがない。だから、その重版になる本を全部丁寧に読みます。それまで勉強していなかったから。

一生懸命、読みました。徹夜もしました。読めば必ず疑問点をいくつか発見します。そして、著者に連絡します。「重版しますが、ちょっと疑問の個所がありますので、お会いして確認したい」と伝えます。そうすると会ってくれます。これで顔をつないで、覚えてもらうことができます。そして、その著者と会って話しをしまして新しい出版構想をうかがい、それが出版可能性があると判断した場合、出版をお願いすることもできます。

一方で、重版されるというのはその本が読者に読まれ続けているということですから、刊行してからかなり時を経た本が今、社会から必要とされているのはなぜかを考えます。これを考えることは、新しい出版企画を考える際にとても役に立ったと思います。

——竹中さんの政治学に関わる編集者としての仕事は、だいたい三つぐらいに時期区分ができると私は思っています。第一期は編集部に配置転換された一九八一年から一九八六年くらいまで、いわば「駆け出し」の時期、第二期は「現代政治学叢書」の始動期と重なるのですが、本格的に「竹中劇場」ともいえる政治学を作っていく七年目以降、つまり一九八七年から一九九二年頃まで。そして第三期、冷戦が終わり、新しい国際関係と社会のもとで講座やシリーズものを次々に出していかれる時期です。第三期になると編集部長として、後輩を指導する立場になられますが、二〇〇〇年代になると編集局長、常務理事です。その時もたくさん出版をされますが、やはり著者との距離感が近いだけでなく、「竹中が作った政治学」とでもいえる第三期までに絞って、お話を聞きたいと思います。

さて第一期です。この時期、ひとつは労働運動、労使関係の著作を担当されています。他方で、日本の戦後史に問題関心が集まり、マッカーサーの支配つまり、GHQのいわゆる「解放」から、労働運動やゼネストがテーマともなっています。当時の社会科学者はやはり日本のことを主に考えていたのでしょうか？　もちろん、米国研究などへの目配りもありますが、この時期の、少なくとも竹中さんの関わった出版物は戦後の日本モノが多いです。前に触れた山本潔の他、一九八二年の竹前栄治『戦後労働改革：GHQ労働政策史』など私も学生時代に読まされました。とくに竹前さんの本などはすごいと思いました。

労働運動は戦後日本の政治の出発点のひとつですよね。なぜそういうことを聞くかというと、丸山真男も含めて、戦後日本をどうするかを考えると、戦前を再考し、その戦前とのいま変わった部分を考えていこうという問題意識をみなが共有していたのではないかと思ったのです。

竹前先生の『戦後労働改革』についていえば、わたしが立てた企画ではないのですが、東京経済大学にしょっちゅう通い、原稿を仕上げていく著者に密着しながら関わりましたので、わたしにとってはその点でも確かに大きかったです。占領期について資料に基づいたお話しをいつも聞いていましたし、また目を悪くされた先生が研究に精力的に取り組む姿勢にも、学問をするとは何か、生きるとは何かについて教えられることが多々ありました。結局、戦後日本とは何なのだろうという問いがわたしの中にも生まれていて、ちょうど米国で公文書の「三〇年原則」により、重要公文書が公開されて、それに依拠した研究成果が一斉に出始めたのがこのころでした。それにわたしは強い関心を持ちました。

これも編集部の先輩から引き継ぐものでしたが、一九八三年には升味準之輔『戦後政治 一九四五〜一九五五』（上下）も担当しまして、こういう占領戦後史ものが重なりました。そのことによって、占領期研究・サンフランシスコ講和研究の仕事が増えていきました。五十嵐武士『対日講和と冷戦：戦後日米関係の形成』（一九八六年）、渡辺昭夫・宮里政玄編『サンフランシスコ講和』（一九八六年）、坂本義和、R・E・ウォード編『日本占領の研究』（一九八七年）と続きます。出せば大きな反応があり、面白かったですね。

竹中劇場の第一幕

——この一九八六年までが竹中さんのお仕事の第一期だと私は理解しています。第一期の柱のひとつに米国研究があります。阿部斉ほか編『アメリカ独立革命：伝統の形成』（一九八二年）、『世紀転換期のアメリカ：伝統と革新』（一九八二年）などもその流れですが、斎藤真ほか編

『アメリカ精神を求めて：高木八尺の生涯』（一九八五年）、五十嵐武士『アメリカの建国：その栄光と試練』（一九八四年）、有賀貞『アメリカ革命』（一九八八年）など政治史研究が多いと思います。これらを大雑把に敷衍すれば、米国の独立期を扱うものも含めて、米国の民主主義を問うものであり、ある意味で戦後日本の研究の問題意識と重なっているように感じます。

その通りです。アメリカ研究の出版は確かに大きな軸でした。わたしが一番親しくさせていただいたのが、斎藤真先生でした。先生の軽井沢の別荘に呼ばれて徹夜で戦争体験やアメリカ研究の意図についてのお話しを聞いたこともあります。つまり、斎藤先生のラインでアメリカ研究の企画が広がっていきました。『アメリカ独立革命』と『世紀転換期のアメリカ』は斎藤先生の還暦記念を契機とした論文集で、前任者からの引き継ぎです。編集部に異動してすぐに手掛けた仕事でした。この本で本間長世先生、有賀弘《あるが》先生、有賀貞《ありが》先生はじめ多くの著者と付き合うことができるようになりました。実際、このころはメールもケータイ電話もない時代ですから、執筆者の皆さんに頻繁に会っていました。執筆者は広い意味でのアメリカ研究者としてなかなかの顔ぶれです。

――この本では、斎藤先生は最後に、自分のような年寄りを使ってくれて、すみません、みたいなことが書いてある（笑）。面白かったです。

いやいや、自分を執筆陣に加えてほしいと最初からおっしゃっていたのですけど（笑）。でも、その斎藤先生の原稿がなかなかできなくて困った。あとがきに竹中の名前が出てきますが、これは前任者の土井和代の企画です。土井が退職したため、中継ぎのかたちで上司の山下正が引き継ぎ、出版実務をわたしが担当したのです。

この編者のひとりである筑波大学の阿部斉先生にお願いして実現したのが『アメリカ現代政治』です。一九八六年刊行ですが、このころになると私自身の企画の具体的な刊行が本格化します。

——この本は、第三章で扱いますが、一九八七年頃の竹中第二期から本格化する世界各国の「現代政治」シリーズのはしりですよね。

その通り。現代とはいったい何なのかと考える、つまり、戦後を問う、あるいは占領期を問うとなると、当然、国内だけではなく世界を見る必要がでてくる。そういう本が必要だと思ったわけです。しかし他方で、現代は政治学の学問の対象にならないという意見も当時は強かった。出版と社会との相互関係のあり方を求めて、そういう風潮に挑戦したのが、このシリーズを始めるきっかけです。

——それで阿部斉に加えて、篠原一『ヨーロッパの政治：歴史政治学試論』（一九八六年）も出して、米国と欧州を皮切りに勝負を始めたのですね。

篠原先生の企画は、東大法学部の講義を書籍化する方針のもとに考えられたもので、ちょっと別格です。またこの本の内容は一九四五年で終わっています。

——続きは出なかったでしょう？　私も読みました。私の九大の恩師の一人がドイツ政治史の専門だったので、ゼミで読まされました。前置きの理屈がくどい、こんなことを言わなくても本論は書けるじゃないとか思いながら読みました。

一番最後に書いているのです、前書きは（笑）。

——そうでしょう。政治学の勉強としてみれば、この前書きはいいけれど、本論の過程論の分析との関係でいえば、なくてもいいのではないかと。この前書きだけで政治学の本になるから。

その通りだと思います。アメリカを対象とする阿部斉先生の本だけでなく、他国についても同時的に刊行したい。成蹊大学の下斗米伸夫先生の『ソビエト政治と労働組合：ネップ期政治史序説』（一九八二年）を担当していましたので、先生にお願いして『ソ連現代政治』（一九八七年）も出しました。具体的に刊行できたものは（巻末の）担当書目一覧をご覧いただきたいのですが、米ソだけでは「大国主義」と批判される。したがって他にもたくさんの企画を立てたのです。筑波大学の徳田教之先生に中国、また当時は上智大学から東大駒場に異動した高橋直樹先生にイギリスを依頼しました。信州大学の野地孝一先生にフランス、バルカンでは、ユーゴスラビア研究の柴宜弘先生、カナダでは大阪大学の馬場伸也先生。メキシコ、ラテンアメリカもあったし東南アジアもタイもインドについても企画を立てました。

ただ書き下ろしでの出版となると、現代政治を対象とした企画ですから、途中まで書いて、何か大きな変動があると書き直さなければならないようなことが結構あって、刊行までに至るのに結構困難を抱えました。未刊に終わったものが多いのです。誰とは言わないけど、乱暴にもう書いちゃえという人のものには慎重に対処しました（笑）。

――あと枠組みが全部最初からできている人のも出ますね。

阿部斉先生の『アメリカ現代政治』や慶應義塾大学の小田英郎先生の『アフリカ現代政治』（一九八九年）などはそうですね。視座と枠組みがしっかりしていました。

政治思想史への思い

――さて、別の系統の出版もあります。思想です。好きなのですね。福田歓一先生の『政治学史』（一九八五年）、名著ですが、これも担当ですよね。

政治思想史は早稲田の学生時代からの関心です。福田先生の本は東大法学部の講義録の出版の流れになるもので、私が立てた企画ではないのですが、出版実務を担当しました。

――福田歓一先生のお弟子さんで、種子島出身の小山勉という人がいます。新潟大学から九州大学に移って、私もお世話になりました。それでこの本を読まされました。

トクヴィル研究者の小山先生ですね。小山先生のトクヴィルの研究について、先生の新潟大学時代に出版を検討したこともありましたが、詰め切れずに、そのままになってしまいました。福田先生の『政治学史』ですが、ヘーゲルで終わっています。先生は、その後もマルクスを含めて書くとおっしゃっていたのです、『続政治学史』として。東大定年の後、明治学院大学で、二〇世紀初頭までを扱う、『政治学史』の続きの講義をされておられたのですが、学長になってしまわれて、それで本としてまとめる時間がなくなったと言われて、『続政治学史』は出せませんでした。

――竹中さんには、日本の思想へも結構こだわりがありますね。隅谷三喜男、石田雄など。

そうです。いずれもわたしの単独企画です。隅谷先生のご関心は労働と思想の両方につながります。

――だから、思想と戦後日本のつながり、片山潜の話なんかは面白いですね。わが「転向」の話が当時はやっていましたね。懐かしいなと思いました。ところで石田雄先生の本ですが、『日本の社会科学』（一九八四年）というけど、これ私たちが考える社会科学と違うもので、やはり日本の戦後へのこだわりですね。確かに、巨人たちといわれると宇野弘蔵、大塚久雄、丸山だとは思うけど。それに私は、例の水俣病問題でチッソとの自主交渉をリードした川本輝夫さんから始まるのもびっくりしました。私は水俣の相思社とお付き合いをしていた時期があって、川本さんの活動を支援したこともあるので。ここらあたりはどう評価されていますか。

隅谷三喜男『日本社会思想の座標軸』（一九八三年）、石田雄『日本の社会科学』（一九八四年）はいずれもわたしの単独企画です。東大社研の石田先生についてはその前の『近代日本の政治文化と言語象徴』（一九八三年）をわたしが手掛けたのがきっかけです。これはわたしにとってオリジナルな初の企画でした。石田先生のまだ本に収録されてない論文を、東大総合図書館に潜り込んで何日もかけて見つけ出してきてリストを作り、本になるのではないですかと、先生に提案したものがもとになった論文集です。先生からはご了解をいただくとともに、他の企画として、今、講義で「日本の社会科学」をやっているので、それを書き下ろし出版したいとおっしゃったのです。飛びつきました。おそらく東大出版会の中でわたしが編集者としてそれなりに認められたのは、この『日本の社会科学』によってだと思います。結構、読者を獲得しましたし。

――すっかり忘れていましたが、今回、昔、読んでいたことを思い出しました。だけど、読んだり、眺めていたりした本のほとんどが、竹中さんのもの、え、この本も竹中さんなのみたいな感じです。福田歓一もそうだったの。竹前も。全部、竹中さん。確かに、東大一極集中です。だけど、これは社研もあるし、同じ東大といってもいろいろなのですが。

そうですね。『日本の社会科学』については批判もありました。大正期の文化科学を視野に入れていない、東大中心主義である、民間学を扱っていない、とか。丸山真男に触れた部分も、丸山先生ご自身からの批判ではなく、他の方からその評価について批判されたとも聞きました。ただ日本の社会科学の大きな流れは整理されていて、物事を考える一つの重要な参照軸にはなると思います。

——入江昭と有賀貞の両先生のコラボも竹中企画でしょう?

入江昭・有賀貞編『戦間期の日本外交』(一九八四年)ですね。これは前任者が企画の話しを聞いている段階だったのを引き継いで、具体的な中身はわたしが関わって作った本です。ただ入江先生はシカゴ大学におられ、来日されたときに会うだけで、そのころはメールも何もない。国際電話は料金が高い。他方、有賀貞先生はこのときは一橋大学でしたので、先生と直接付き合うことによってこの本を出しました。訳文の手直しなどは見事なものでした。

その間、入江先生とは手紙のやりとりを何度もやりました。この『戦間期の日本外交』の出版の打ち上げ会が高田馬場であり、その流れで早稲田大学の大畑篤四郎先生と入江先生とで駅前のスタンドバーでお酒を飲む機会がありました。入江先生は「二十世紀の戦争と平和」というテーマで英語論文を書かれていましたので、その酒席で「先生、本にしませんか」と言いました。わたしは酒の席での提案がかなり多いのです。

平和研究

――しかし、入江先生の本の平和論というのはすごいです。『二十世紀の戦争と平和』(一九八六年)ですが、UP選書にしたのはなぜですか? そもそもUP選書はいつできたのでしょう。これは思想系とか単発の歴史ものという分かりやすいものを入れるのですか。

UP選書は一九六七年開始です。一般向けの読者を意識したものです。UP選書だと高校の図書館レベルでもそろえてくれたりします。それから自然科学の本も結構あります。医学とか薬学もあります。エッセイ的なものも多いですね。いろいろなものを入れる器として使えます。この頃はまだ初期の東大出版会のエッセイ集的な流れもあります。注も必須ではないです。書いている方は一般読者向けとして書いているつもりかもしれませんが、読者から難しいといわれたりすることもあります。

入江先生の『二十世紀の戦争と平和』は書き下ろしです。原稿は手書きでした。締め切りの二日前に完成原稿を送ってきたので驚きました。だいたい書き下ろし依頼企画では、締め切りは守られることはない、延びるものだろうとわたしたちは思っています。だから、こちらがまだ本を作る態勢がつくれないままでいる時に原稿が届きました。しかし、東大出版会にとって最重点企画です。優先してやらなければならない。

ただ、入江先生の文章はやや古い文体です。それはしょうがないですよ、高校でアメリカに行っちゃっているのですから。読みやすく直していいですからと言われました。しかし、おいそれと手を入れるわけにはいかない。固有名詞の表記は別です。「どうしても自分はレーニンじゃなくてレニンと書いてしまうけど今の若い人はレニンというと誰もレーニンと思わないだろうから、それを現在、通用している片仮名に直していいから」と言われました。校正は三回してもらったと思います。

――ところで平和というと、坂本義和先生はどうだったのでしょうか？　坂本平和学の影響を受けた世代として気になります。

先ほども触れましたが、坂本先生とは、ウォード先生との共編で『日本占領の研究』を作りました。これは前任者の企画です。ただ先生は多忙で編集や執筆に時間をあてる余裕がありませんでした。本を書くこととは別に、自分には果たさなければならない使命があると考えるところがあったようです。

坂本先生と東大出版会とは古い経緯があります。先生のエドマンド・バーク研究の本を出そうとしました。この先生の論文の一部は南原繁古希記念『政治思想における西洋と日本』上下(一九六一年)に収録されており、その前後に、バーク研究で単行本を出すことが約束されたと聞いています。これは坂本先生の本格的な論壇登場前です。先生は誠実な方ですから、バーク研究の出版の約束を果たしていないからと東大出版会にあまり近寄らなくなられました。結局、この研究は、書き下ろしを加えて、岩波書店から『坂本義和集』の第一巻「国際政治と保守思想」として二〇〇四年に刊行されました。

坂本先生にはもう一つあります。東大法学部の講義をもとにした企画の流れのひとつですが、「世界政治」というタイトルで本をつくろうとしていました。一九八〇年代後半の話です。協力者を組織して講義の初めの方の速記録も作りました。しかし、その速記録をご覧になって、先生は速記録は不要であると言われたのです。そして、一九八九年末のことですが、先生は冷戦の終焉を見て、講義録を出版する意義は終わった、もう出す必要がないとおっしゃったのです。世界的な激動の最中にあって、わたしも出版企画の方向性を見失っていた時ですので、先生のお申し出をくつがえすことができず、この「世界政治」の企画はポシャりました。冷戦の終焉は、国際政治の企画にとても大きな問題を引き起こしました。これは後で触れましょう。

さて話が飛びましたが、『日本占領の研究』は、六〇〇ページぐらいの分厚い本で、さすがにほかの出版社も断ったようです。他方で、出版会は、わたし自身も含めて占領期研究に強い関心をもっていたので、なんとかせっついて出しました。最後は日本学術振興会の出版助成をもらって、期限に縛りをつけて刊行までもっていきました。編集にあたっては憲法学の和光大学の古関彰一先生にかなり手伝ってもらいました。謝辞にも出ています。古関先生とは竹前栄治先生の占領史研究会でわたしは親しくしていました。本当に献身的にやってくださいました。

升味準之輔と京極純一

――ここで日本の政治について少しお願いします。やはり、最初は升味準之輔『現代政治：一九五五年以後』上・下（一九八五年）、これは竹中さんですか。でもその前の『戦後政治：一九四五-五五年』上・下（一九八三年）は違いますよね？

『戦後政治』は前任者からの引き継ぎです。『現代政治』はこちらが頼む前から先生が書かれていました。

――この本も私はゼミで読まされました、学部時代に。久々に読み返して上巻はやっぱり面白いな、もう何か政治小説みたい。

面白いですよ。好意的に高等講談と評する方がいました。

――本当ですよ。出典が付いた高等講談です。何かドラマを見ているような感じでしょう。

やはり升味先生の文体の魅力ですね。「文は人なり」が如実にあらわれています。

――すごい。でも下巻はね。確かに一人一人の体験談や暴露話みたいなのは面白いけど。それ以上ではない。こういう官僚の経験とか佐橋滋の闘い、あれは有名ですし。

『現代政治』下巻ですね。下巻の方は、新聞社の年鑑や新聞記事などを使ったりして、あまり自分の文体までには持っていっていない感じがあるように思いました。

——それと社会党のところは面白くない。これを僕は当時、ゼミで批判したのですよ、これって自民党党内闘争史でしょうと。だから、自民党党内闘争史が現代政治だという枠組みなのだなと。院外活動の整理もあるけど何かその他大勢みたいな。それで社会党のところを見るとこれを党内闘争史的に書こうとするとどうも説明できない部分がある。

下巻の方はわたしも原稿を整理しながら、升味先生の自家薬籠中の文体にまでは持っていけてないなというふうに思いましたが、さすがに先生に書き直せとかは言えないですから。

——入江先生みたいにあとは編集者どんどん好きにやっていただければという人もいますが、さすがにこれは。

升味先生の文章には手を入れられないですよ。あと京極純一先生のもそうです。『日本の政治』（一九八三年）はわたしの担当ではなかったのですが、ゲラを少し読んでくれとは言われました。これを担当したわたしの上司である山下正が編集局編集部長から営業局長に異動して、そのタイミングでこれがベストセラーになったので、わたしが途中から重版の担当になりました。京極先生はなかなか辛辣な人で、寸鉄釘を刺すようなことをよく言われる。しかし話しが抜群に面白い。広尾の先生のマンションに数年間通い、一四時から一七時までみっちり個人教授を受けました。なんか圧倒されまして、いつもマンションから出ると、京極先生のことばに頭が占領され、しばらくボーっとするほどでした。おそらく、政治について、社会について、学問について、文明について、そして出版について、ものの考え方について先生から大きな影響を受けていると思います。

京極先生の二つの本を企画しました。まず『日本の政治』がベストセラーになりましたから先生の企画に対して大きな期待が社内にありました。それにも応えたいと思い、講演録とかエッセイを編集して二冊の本を作りました。UP選書に入れた『日本人と政治』（一九八六年）と『和風と洋式』（一九八七年）がそれです。それから東京女子大学学長になられて未完の原稿になってしまいましたが『日本政治入門』ないし『日本の政治秩序』というタイトルの企画も手掛けました。

原稿は完璧です。点、丸も含めて。渡されるのは原稿を書いて、なんと四回目の清書だという手書きです。だから「校正はいらない、自分の書いた通りやっていただければOKだ」と。しかし、活版時代であり、印刷所では人間が手書き原稿を見て活字を拾うものですから、文選工の拾い間違いは避けられない。校正を一度は見てくださいとお願いしました。印刷所も精興社という一番コストの高い、信頼できるところにしました。この印刷所の活字組版の技術また内部校正者の実力はすごいです。

——ただこれって社会科学ですか？

やはり、そう思いますか。実は、大変失礼ながら、京極先生に「先生は政治学者ですか」と聞いたことがあるのです。阿吽の呼吸でしょうね、先生は「わたしは文明を観察しているのです」とおっしゃいましたねえ。ですから『日本の政治』などについて、社会科学ですか？　という問いが出るのは尤もなことです。

でも一方で、先生は並行して計量政治学、数理統計学の論文も書いています。「世論調査とマルコフ連鎖モデル」（『国家学会雑誌』九〇（一一・一二）、一九七七年）という論文があり、わたしは出版可能性を探って読んでみたのですが、よく分かりませんでした。それとなく先生に打診しましたところ、先生は「それは学会誌で発表してお役が終わっているから、本にする必要ありません」ということでした。

京極先生は、東大定年までこのように並行してされていました。計量政治学から文化政治学

に移ったというふうに評する人がいますが、これは当たらないと思います

——しかし、京極純一的なこういう政治学を継いだ人っていますか。

トータルに継いだ人はいないですね。突出した一代の芸風と言うべきでしょうか。ただし、影響を受けた人は、研究者であるか否かを問わず、たくさんいるのは間違いありません。

——だけど、この本がすごいのは類書がないというか、二度と出てこないようなものであって、よくこんな本をこういった発想で書くものだという意味ですごいと思いました。外国語にはできませんよね。

『日本の政治』の英語版を刊行しました。*The Political Dynamics of Japan*, trans. by Nobutaka Ike (University of Tokyo Press, 1987) です。京極先生は、翻訳にあたり半年ほど訳者のノブタカ・イケ教授との打ち合わせのためにアメリカに行っています。京極先生自身も日本語版がそのまま英語になると思っていないからです。京大の村松岐夫先生が言っておられたのかな、日本語版には、あの文体でもって特別な魔力があるけれど、英語版では京極さん特有の文体が

消えて、すごく分かりやすい日本政治論になっていると。

――わかります。外国人に分からせるためにシンプルにすると、まず衒学的なことばが消えちゃうから、結構、本質論的な話になりそうだ。他方で、升味さんの方は後継の流れがあると思うのですが。

升味先生の直接の門下生で研究者として活躍された方は何人かいますが、わたしはあまり接触がありませんでした。むしろ升味流を別のかたちで、ある意味、オリジナルな方向付けで継承したのは御厨貴先生ではないでしょうか。御厨先生の直接の恩師は三谷太一郎先生ですが、御厨先生は升味先生と東京都立大学で同僚でした。

話がすこしそれますが、御厨先生の第一作は『明治国家形成と地方経営』（一九八〇年）です。明治期の政治史、つまり日本政治史研究で三谷太一郎、佐藤誠三郎先生の薫陶を受けたということです。わたしは升味先生の原稿を取りに都立大学にしょっちゅう行っていたから、御厨先生とも会いました。わたしも企画を手がけた『政策の総合と権力：日本政治の戦前と戦後』（一九九六年）は治水、資源、国土計画などがテーマで、第一作の延長だと思っています。

マルクス主義との「闘い」

——ところでマルクス主義もしくは戦後のリベラリズムでもいいですけど、戦争が終わってそれに対する反省を社会科学者が共有しているとすれば、それはクリティカルなものとなります。そのなかで、マルクス主義を立てる人と、マルクス主義と差異化しようとする研究者に分かれると思いますが、後者の方々でもほぼみなさんマルクス主義の影響を受けていますよね。自分は違うと言っても。

そうです。升味先生も受けていますよ。

——第一次世界大戦から第二次に向かうあたりの政治記述は影響を受けているのが私も分かります。また後で議論する升味『比較政治』の国家比較の枠組みが近代化論と下部構造論でした。後発国論とか国が上からやる近代化とかは。やはりマルクス主義的な影響だと思います。

升味先生については、いま話された『比較政治』の件で、また話題になるでしょうが、例えば先生は『なぜ歴史が書けるか』(千倉書房、二〇〇八年)で、マルクス主義からいかに脱却するかが自分の課題であると書き、昭和二〇年代に取り組んだとあります。実は京極純一、升味準之輔、それから永井陽之助、岡義達《よしさと》先生、そして高畠通敏《みちとし》先生とかみな、東大法学部の堀豊彦先生の門下でした。堀先生は懐の深い方で分野や専攻を問わず、受け入れていました。丸山先生が厳しく選んでいたのと対照的です。聞くところによると、堀先生は自由放任主義で、具体的な研究指導はほとんどしないのです。だけど堀先生は若手研究志望者を大学院特別研究生に採用して、きちんと就職の面倒まで見るタイプの先生でした。升味、京極、永井、岡の四先生は若い時に千駄木の堀先生のお宅でいつも侃々諤々の議論をしていたと堀先生の奥さまから聞きました。そういう議論のなかで、マルクス主義とは異なるもの、そしてまた、ある意味、国家学的なものからいかに脱却していくかが課題になったようです。

永井陽之助先生ですが、面白い逸話があって、丸山先生の講義を聞いたら「ぜったい真似ができない、すごい、自分はとても学者になれない」と思ったと。で、堀先生の講義を聞いて「これなら俺もやれる」と思ったって（笑）。堂々と公言していたらしいし、わたしも直接お聞きしました。永井先生についていえば、マルクスの「ドイツ・イデオロギー」の向こうを張って『アメリカ・イデオロギー：現代政治と知識人』というタイトルの論文集の企画もありました。一九八七年頃のことです。東京工業大学のあと青山学院大学での講義もそのテーマでしたそうです。『国際政治学の起源』という本も出したいとおっしゃっていました。国際政治学の起源にアメリカのイデオロギーを見出しておられましたから、それを明らかにすることなく国際政治学をそのまま受け入れていいのかという問題意識を抱かれていました。この企画も幻になりました。マルクス主義を否定するリアリストとして有名な永井先生ですが、マルクス的なメタレベルな批判を意識しており、やはり影響を受けている代表的な一人だと思います。

――国家学からの脱却は、次に扱う猪口孝さんたちの世代も継承していますね。もちろん、そのアプローチはまったく違いますが。要するにマルクス主義政治学は国家論がどうしても強くて、ある意味で、途上国とか社会主義国、第三世界などを分析するとき、国家論と向き合わざるを得ないのですが、先進社会論は国家論だけでは論じられませんから。そして数量政治学とかアメリカ政治学をやっている人たちは、大上段の議論より、具体的なテーマやトピックで指標をつくって淡々と分析する傾向が強いと思います。マルクス主義を超えようとしても、まだそこにとらわれている世代と、もう最初から関心のない世代の違いですかね。

でも話を戻して私が訊きたいのは、なぜこんなにみなマルクス主義の影響を受けているのでしょうか。いや、戦前のマルクス主義やドイツ学的な影響が多かったというのもあるだろうし、共産党が地下に潜っていて、輝いて見えたこともあるだろう。もちろん、アメリカに対する反発もあるだろうけど。どうしてここまでマルクス主義を意識するのでしょう、この時代の研究者たちは。

ある意味で講座派あたりの歴史を含めた戦前の日本社会の分析というものが、戦争による日本の壊滅ということで、強いリアリティをもったという気がします。例えば、丸山先生の初期の日本政治思想史の講義の枠組み、つまり、近代日本認識というのは、だいたい講座派的な枠組みによるものだと思います。だから、丸山先生は吉野作造などをあまり評価しなかった。

——戦争に負けて、知的枠組みも解体されてしまったからですか？　すぐにアメリカ政治学とかアメリカ的なものは入っていかない。するとやっぱり知的にものを考える枠組みを提供できるのは、マルクス主義しかなかったということですか。

統一的な世界観を体系的に提供できるのはマルクス主義だったのではないでしょうか。日本共産党の獄中一八年組の影響だけということではないと思います。

——僕もそう思います。実はここまでを竹中政治学の第一期だと言ったのは、この後、急速にマルクス主義の相対化が始まっていくからです。一九八〇年代の前半からですが、その革命児が猪口孝だと私は思っている。マルクス主義的な、いわゆる思弁政治学への挑戦です。

京極先生の統計研究などもあったかもしれませんが、ここまでのメインは思弁政治学でみな丸山政治学の影響を受けており、それに対して否定したり、引きずったり、どこかでマルクス主義の影を意識していたような構造があったように思います。そして、これが崩れていく。ここまでの時期の日本の政治学を一言で表現するとどのようになりますか？

東京大学出版会の政治学の編集者として言うならば、法学部を中心にした東大の時代だったと思います。政治学者の「神々の時代」とわたし自身、当時、言っていました。最近、友人ともこの時期を振り返りましたが、これは「八ヶ岳」といっていいのではないかと思います。具体的に言えば、丸山真男を始めとする、一人一人の神が対抗関係をつくりながら、それぞれの高い峰を頂きとして、弟子たちがそこにすそ野を作っていたというようなイメージです。

——これを崩すのが僕はやっぱり猪口孝とその仲間たちだし、竹中さんが仕掛けた「現代政治学叢書」です。ここから編集者竹中の第二幕です。

「現代政治学叢書」ですね。でも転換のきっかけこそ、京極『日本の政治』でした。

第三章　革命？〜「現代政治学叢書」の誕生

「神々」の黄昏

一九八〇年代初め、「神々の時代」はもう終わったと思いました。

——どういう意味でしょうか？

これからの政治学では、研究者が集団で、講座や叢書というかたちで学問全体を創っていく、そういうアプローチが求められているのではないかと考えました。それを企画するのがわたしたち編集者の務めであると。一九八〇年代半ば以降、わたしが企画を考えるときのキーワードを、やや後知恵的に整理すれば、「高原型」と表現できます。

——要は、場を作るという意味でしょうか？　「八ヶ岳」では神々がそれぞれそびえたっていて、こちらが一生懸命、山登りをして行って、お付き合いいただくとすれば、高原ではその場所を見つけて先生方に集まり、遊んでいただくというイメージに聞こえますね。ただ、高原に遊びに来てくれる方々というのは、いい意味で気さくで、悪く言うと「小粒」のような気がしますが（笑）。

前世代と比べてみるならば、そうだと思います。ドングリの背比べというわけではないのですが（笑）。時代のせいもあるでしょう。

――今伺っていて思ったのですが、それまでの人文社会系の研究というのは、巨人たちのものの、それぞれが一国一城の主だということがはっきりしていましたよね。他の連中の言うことは聞かない、俺は俺で勝手にやるみたいな感じで、「戦国時代」の雰囲気です。しかし、この一九八〇年代、特に後半に人文社会系も共同研究へと確かに移行していくのです。私が大学生の頃は、まさに「神々の時代」の終わりにあたります。一九九〇年代にかかると、もう一人でやっていけなくなるのです。情報量が違いすぎて。

私の業界で言うと、今いる北海道大学スラブ・ユーラシア研究センター、当時はスラブ研究センターでしたが、やはり「神々の時代」の名残がありました。研究コミュニティを牽引していた木村汎、長谷川毅、伊東孝之、原暉之ら先輩たちは、いわば孤高の人だったと思います。

ところがこれが急速に共同研究のスタイルへと移行していく。地域研究といっても例えば、中央アジアを一人ですべてカバーするなど不可能ですから、仲間を募って情報交換をし、一種の分業体制をとっていくわけです。科研費の大型研究などもこの共同研究・分業体制を後押ししました。いまのうちのセンターなどそのことが契機になって、大きくなっていくわけです。

すこし、興奮してしゃべりすぎました。同じことが竹中さんの大型企画にも言えると思うのですが、まずはその皮切りとなった、例の「現代政治学叢書」に話を戻しましょう。私、このシリーズ、一応全部、学部生時代に読んでいます。

本当ですか？　それはすごい。

——ただ好きで読んだわけではない。ゼミで毎週、一冊、無理やり読まされました。三〇年近くたって読み直しました。私も年をとったのでしょうが、面白い発見もあれば、なんやこれというのもあります。内容に踏み込む前に、このシリーズの背景を聞かせてください。

少し詳しくお話ししましょう。編者の猪口孝先生とこの件で会ったのは、彼が米国から帰ってきた後の一九八四年二月です。その前に、『国際政治経済の構図』（一九八二年）を有斐閣から出されていて、わたしはこれはいいなと思ったのです。ある意味、米国あるいは世界の最先端の研究を紹介しながら、世界の国際政治経済の見方を描いている。

――ＭＩＴですよね？

はい。猪口先生はＭＩＴ（マサチューセッツ工科大学）で政治学博士号を取得しています。その前は東大教養学部の衛藤瀋吉先生の指導で、計量国際政治学的な研究『外交態様の比較研究』を一九七八年、二四歳の時に巌南堂書店から出版しています。聞いたところによりますと、この本は最初、東大出版会にアジア政経学会の有力な方からの推薦で持ち込まれたそうです。猪口先生からは編集部で文章を整えて読みやすくしてほしいという希望が出され、当時の編集責任者が、若手の第一作であり、まずは自分で推敲すべきであると返事をしたという経緯があり、企画が実らず、巌南堂書店から刊行されました。ちょっと残念でしたね。

――巌南堂書店は編集者がよかったのですか？

いや、そこは分かりません（笑）。わたしは、猪口先生はこれから伸びていく人だと思いましたし、まだ四〇歳になったばかりの頃でしょう。わたしが三二歳。お互い、若いなあ。偶然ですが、誕生日が同じです。若い。だから、多少、無謀な破天荒な企画でもやりたいと思っていました。猪口先生は教養学部で京極純一先生の教えを受けているのです。

――前回、言いかけられたことですね。

ええ。京極純一先生の『日本の政治』が一九八三年九月の刊行で、翌年二月に猪口さんと会いました。私は京極先生の教え子だと知っていましたから、『日本の政治』は大変面白いですね、と言ったら。

――猪口先生は何っておっしゃったの？

「一〇年前の授業と何も変わっていない。前進がない」とバッサリ。わたしは、え？　と思いました。わたしは京極先生の本、本当に面白いと思っていたのですよ。それを猪口先生はこう言うのだから。思わず、「では、『日本の政治』を超える本をいずれお願いします」と言いました。このころ、わたしはまだ政治学の分野をやり始めて日が浅いのですが、すでに言ったように、もう「神々の時代」は終わったとは確信していたのです。

共同研究の模索

これは政治学だけではないと思うけど、いい出版を継続的にやっていくためには、共同研究というかたちで執筆したものが必要だと考えていましたから、ぜひそれをやりたいと思っていました。そうすると、普通は講座を思いつきますよね。講座というスタイルは、何十人かで数冊の本を書いていくスタイルです。それとは別に叢書、つまり一人一冊だけど、全体でまとまりのあるシリーズのような、両方のスタイルがあるだろうと。

最初はぼんやりでした。政治学の講座と一人一冊書き下ろしの叢書、両方やればいいと思いました。関心を抱いていた政治思想史や政治史に特化してのシリーズはさすがに難しい。しかし、大きく政治学、あるいは国際政治学や行政学という枠組みではできるのではないか。これらをシリーズとして実現できるならばインパクトが大きいだろうと思っていました。

猪口先生に『日本の政治』を超えるような本をと言いました。これに対して、猪口先生は、「いや、自分一人で書くのではなく、日本の政治学教育の在り方を根本的に見直さなければいけないから、むしろシリーズを作りたい」という返事が返ってきました。双方の思いが期せずして合致したのです。奇跡の瞬間です。ただしシリーズとなると、出版社側の覚悟、態勢が必要です。いずれゆっくりご計画をお聞かせくださいと返事したら、何と一週間で連絡がまたありました。

——で、この政治学叢書の構想が出てくるわけ？

そうです。それが三〇冊ですよ。三〇冊！　各冊にテーマがあり、執筆者名がある！

——そのメモってあります？

ないんですよ、それがね。

——もったいないな。その三〇冊からどうやって二〇冊になったのかを知りたいのですが。

当時の東大出版会の態勢そしてわたしの力量では三〇冊のシリーズはとうてい実現不可能と思い、メモはどこかに紛れてしまったんだな。手書きの読みにくいメモ、そのころワープロもないから。ともかく、社内で相談しました。編集部長、編集局長を超えて事務局トップである石井和夫専務理事や多田方《まさる》常務理事にまで話しがいきました。その時の石井専務理事が言うわけです、「猪口さんで大丈夫なのか」って（笑）。結構、ハードルは高かったのです。しかし、政治学を担当した経験を持つ多田常務理事が積極的にやるべきじゃないかと言ってくれました。もっとも、三〇冊だとだいたい企画倒れに終わって必ず出ないものもあるから、とも。

——それは先見の明がありましたね（笑）。

多田常務理事との間で、東大出版会の力量から言って、頑張って一二冊から一五冊ぐらいじゃないかという話になりました。そこで猪口先生とお会いして、社内で検討したところ一五冊までが上限じゃないかという方向で、このあたりまで圧縮できませんかと相談しました。「はい、分かりました、どれだけ縮められるかやってみます」って即答。また一週間もかからないうちに、二〇冊のプランが来ました。

——二〇冊といって、当初プランの執筆者は同じですか？

ここで重要なことをお話ししなければなりませんね。実は二〇冊の当初プラン、第一巻が佐々木毅先生の『政治哲学』でした。これはいい！　と思った（笑）。

――素晴らしいじゃないですか。

やはりこれで行きたい。第一巻が東大法学部の佐々木毅先生。まだ大先生ではないけれど、力のある人でした。わたしも『プラトンと政治』（一九八四年）を担当させていただきました。東大東洋文化研究所の猪口先生の編集で佐々木毅先生の第一巻『政治哲学』が入るなら、全二〇巻で社内を説得できると思いました。まだ各巻の執筆者にはもちろん接触していません。執筆候補者に頼んでいないのに全二〇巻で社内を説得して、仮企画として了解を取りました。実はここからが、初めて話す内容です。

――ぜひお願いします。読者はそういう話を期待していますので（笑）。

もちろん、最初に了解を得るべき相手は佐々木毅先生ですよね。わたしは先生の本も作っているから、接触もある。そこで研究室にお伺いしました。ただそのときはまだ全二〇巻のリストは見せられない。執筆候補者にも了解を取ってないわけですから。

だから、だいたいこういう書目で本を作りたいと、口頭で挙げていき、最もふさわしい方にお願いしたいと考えていると説明しました。そして第一巻の『政治哲学』は佐々木先生しか書き手はいないと。本気でそう思って依頼しました。先生は、その場でちょっと考えさせてほしいと言われた。これはよくあることなので、分かりました、ぜひお願いしたいと引き下がります。

しばらくたって、この前の企画の件で来てくれないかと研究室に呼ばれました。先生はまず「これは、大変に意欲的な企画でとてもいい」とおっしゃいました。ただ、「今、政治学の分野で必要なのは、一人一冊で個性的な本を並べるよりは、きちんと体系的な講座を創るのが先ではないかと思う」とおっしゃいました。そして「講座だったら自分が責任者で企画を立てることができる」。これはとても魅力的な提案でした。

――これが例の幻の企画ですか。

「政治学講座」全六巻（目次）

第Ⅰ巻　政治学の理論

1　政治学の伝統と課題　佐々木　毅（東　大　法）

2　戦後日本の政治学　茅野　修（東大法）
3　近代政治学（現代政治学）　杉田　敦（新潟大）
4　政治学の方法　川崎　修（北　大）
5　政治学における比較研究　馬場康雄（東大法）
6　政治経済学　藤原帰一（東大社研）
7　政策科学の理論　大河原伸夫（九　大）

第Ⅱ巻　政治学の基本概念　1

政治　松下圭一（法　政）
政治変動　篠原　一（成　蹊）
権力　永井陽之助（青山学院）
自由　加藤　節（成　蹊）
平等　吉岡知哉（立　教）
市民　坪井善明（北　大）
平和　中村研一（北　大）
政治象徴　坂本孝治郎（学習院）

政治文化	竹中　千春（東大東文研）
公共の福祉	水谷　三公（都　立）
政治エリート	森山　茂徳（新　潟）
エスニシティ	下斗米伸夫（成　蹊）

第Ⅲ巻　政治学の基本概念　2

天皇制	松本三之介
自由主義	坂本多加雄（学習院）
社会主義	湯本　国穂（千　葉）
全体主義	阪野　智一（東大社研）
保守主義	足立　幸男（京　大）
ナショナリズム	宮村　治雄（都　立）
アナーキズム	塩川　伸明（東大法）
権威主義	恒川　恵市（東大教養）
議会主義	平島　健司（東大社研）
コーポラティズム	田口　晃（北　大）

第Ⅳ巻　現代デモクラシー

1　現代デモクラシーの理論　大森　弥（東大教養）
2　代表と参加　川人貞史（北　大）
3　選挙　田中善一郎（東　大　法）
4　政党制　西川知一（姫路独協大）
5　官僚制（公務員制）　内田健二（岩　手）
6　利益政治　高橋　進（東　大　法）
7　リーダーシップ　高橋直樹（専　修）
8　ニュー・ポリティックス　山口　定（大阪市大）

第Ⅴ巻　国家と政策

1　現代国家の特質　西尾　勝（東　大　法）
2　国家と財政　山口二郎（北　大）
3　国家と軍事　広瀬克也（東大院生）
4　国家と福祉　森田　朗（千　葉）

5　国家と企業　大嶽　秀夫（東　北）
6　国際政治における国家　坂本　義和（東　大　法）

第Ⅵ巻　現代日本の政治
1　現代日本政治の特徴　三谷太一郎（東　大　法）
2　現代日本の官僚制　御厨　貴（都　立）
3　自民党と政党制　北岡　伸一（立　教）
4　政府間関係　天川　晃（横　国　大）
5　利益集団と政治　宮崎　隆次（千　葉）
6　マスコミ・知識人と政治　都築　勉（信　州）
7　日本とアメリカ　五十嵐武士（東　大　法）
8　日本とアジア　鈴木　佑司（法　政）

これが正式の執筆依頼をした際の目次ですが、今まで関係者以外には公開していませんでした。でも記録として残してほしいと思ってお話しししています。

ただ二つの企画ともわたしが担当するというのは大変だなと思いました。猪口先生の提案も魅力的である、佐々木先生の提案も素晴らしい。一瞬、順番を付けて、叢書を後回しにしようかと思ったくらいです。でも、さきほどの多田常務理事に相談したら、両方やれと後押しするのです（笑）。

――すごいエピソードです。こうして竹中劇場第二幕が始まりました。

叢書と講座の分岐

後押しされたといっても、当時わたしは、人文社会担当では最年少の、経験の浅い編集部の一員でしかありません。わたしの下に付く人を編集部の他から引っ張ってくるというほど、わたしは実力を持っていないのです。ただいつまでも返事を引き延ばせないので、えいやーと思って両方やろうと決めました。他の編集部員から、協力するという声も出てきたので、確固たる見通しがあるわけではないけど、では、両方やろうとなりました。清水の舞台から飛び降りる思いでしたねえ。

なお、当時の東大出版会理事長が東大法学部の英米法の田中英夫先生でして、これらの企画について思い悩んだ時にご相談に行きました。事情を説明して苦衷を述べた時、田中先生からは、いくつかの注意をされた上に「全面的に支援する。何かあったらいつでも相談に乗る」とおっしゃっていただきました。こういうのは、大学出版会のいいところですね。精神的重圧がだいぶ軽くなりました。

佐々木先生には政治学講座も同時に進めたいので具体的な案を作ってほしいと頼みました。猪口叢書については、項目をもう一度見直しをしますと伝えました。やめるとは言いませんでした。あくまで見直しますと。当然、佐々木先生が両方書くわけにいかないので、叢書の全体の構成を再検討しなければなりませんよね。佐々木先生は、「講座については、まだ編者として話しはしてないけど、自分と三谷太一郎、西尾勝先生とでやりたい。この三人でプランを作りたい」とおっしゃった。これは法学部政治学の重鎮三人です。望んでも得られないような企画です。出版会総力をあげてという姿勢を示して、専務理事・常務理事・営業局長総出で東大近くの「百万石」という格の高い料亭で三人の先生方と最初の公式の打ち合わせの場を設けました。

猪口先生にはこう伝えました。佐々木先生から講座の企画提案があったので、出版会で検討しているところです、従って、『政治哲学』で佐々木先生に執筆をお願いするのは無理なので、もう一度見直してくれませんかと。これで出てきたのが次の二〇巻の企画です。

叢書のラインアップ

「現代政治学叢書」全二〇巻　猪口孝編

1　猪口　孝　国家と社会
2　矢野　暢　政治発展→　猪口　孝　ガバナンス
3　山口　定　政治体制　　4　中野　実　革命
5　三宅一郎　投票行動　　6　蒲島郁夫　政治参加
7　今田高俊　社会階層と政治
8　栗原　彬　社会運動と政治→　蒲島郁夫・竹中佳彦　イデオロギー
9　小林良彰　公共選択　　10　薬師寺泰蔵　公共政策
11　大嶽秀夫　政策過程　　12　岩井奉信　立法過程
13　岡沢憲芙　政党　　14　辻中　豊　利益集団
15　村松岐夫　地方自治　　16　恒川恵市　企業と国家
17　猪口邦子　戦争と平和　　18　田中明彦　世界システム
19　山本吉宣　国際的相互依存　　20　佐藤英夫　対外政策

（矢印は後に代替して刊行したもの）

――欠番を作ることになった矢野暢先生（第二巻担当）や栗原彬先生（第八巻担当）もここに

入ったのですね。

まずは猪口先生から電話ないし手紙を通じて、執筆候補者全員に打診してもらうことにしました。もちろん、このときに執筆者案のリストは表に出していませんから、テーマをお伝えして、書き下ろしを依頼しました。全員、了解でした。

ただ最初、京都大学の村松岐夫先生（第一五巻『地方自治』）には「官僚制」でお願いしましたが、先生が官僚制は『戦後日本の官僚制』（東洋経済新報社、一九八一年）でもう書いたから、「地方自治」に取り組みたいとおっしゃって、猪口先生もわたしも悩みました。官僚制は「現代政治学叢書」を構成する不可欠のテーマではないかと考えたのです。ただ村松先生には是非入っていただきたい。結局、「官僚制」はなくなりました。

それから立教大学の栗原先生には「社会意識と政治」というタイトルでお願いしましたが、先生の希望で「社会運動と政治」にしました。あとはタイトルも変わらず、プラン通り。全員の了承を取り付けたのが一九八四年一一月でした。海外研究していた方もおられ、了承を得るのにエアメールを送ってというようなこともやっていました。早稲田大学の岡沢憲芙先生（第一三巻『政党』）はスウェーデンにおられたし。それでわたしは了解を得た人に全員に会う、国内にいる方、全部回ってよろしくお願いしたいと。目次をいつまでに出してほしいとお願いするやり方でしたね。全員と会いましたし、顔合わせの会も一九八五年五月に上野のホテルで持ちました。皆さん、前向きでした。

——竹中さんが編集部入りして四年目ですね。企画はそこから入っていたのですね。で、叢書の中身に入る前に、講座との関係。ダブっているひとがほとんどいない。見事に叢書と講座を切り離していますね。そして講座の方はアメリカ政治学のにおいがしない。伝統的というか、神々の時代の思弁的・叙述的な政治学が強いなと感じます。これに歴史が加わる。法学部政治学ですね。すごい顔ぶれですが。

「政治学講座」も執筆依頼をして、入れ替えがありましたが、了承された方全員に声をかけて東大出版会会議室で編集会議をやりました。ただ全員から意見を聞くというよりは、こういう方針でやるので、ぜひいついつまでの締め切りで書いてほしいという内容でした。半分くらいの執筆者は集まったと思います。

——で、結局？

一九八七年の締め切りまでに書いてきた方が四人しかいませんでした。

――執筆者が集まったのでしょう?

原稿催促は全員にしました。メールはないから手紙と電話、そして足を運んで、頭下げてお願いに行かなければならない。北海道から関西まで各地を歩かなければならないのですが、叢書の編集の時期にひっかかってしまいました。ちょうど叢書刊行の一年前、一九八七年半ばに、猪口先生の『国家と社会』の原稿ができました。でも叢書は一冊だけ先に出すわけにいきません。三点、四点はまとめなければと。要するに、講座が実現できなかったのは、執筆催促が十分ではなかったというのが、東大出版会側の理由となります。ただ責任逃れではないけれど、同時並行で難しい問題も起こった。

――お前はどっち側だとか。叢書派か講座派かなんていう? 講座派ってオーソドックスで響きがいいですけど(笑)。

そのあたりです。猪口先生と佐々木先生とのあいだには何も問題はないのですが、お二人が別に角突き合わせるわけでもないのに、ある雰囲気が生まれてくるのです。あいつは講座派で佐々木派だ、あるいは叢書派で猪口派だ（リヴァイアサン派とも）。

——社会党みたいですね。

わたしの力不足ですが、同じ編集担当者が両方やっているというのも面白くないと思う人もいたし。ある方から「獅子身中の虫」「二重人格」と面と向かってなじられました。陰で言われたのではないのが救いですが。

——こういうとき編者は鞭をいれないのですか？

もちろん、編者の支援はいただきました。この企画だけでなく、一般に企画を立てた後、原稿取りは出版社、編集部の仕事であるというのが、編者と東大出版会の共通認識でしたから。もちろん、講座も叢書も、各執筆者の状況は、一人ひとりについてノートを作って記録を取り、適宜、編者には報告していましたが。

──え、殿様商売。そういうカルチャーだったのですね。

そうです。全部がそうではありませんし、濃淡はありますが、これに限らず以前から多くの企画がそうだと思います。

叢書「革命」を問う

──講座も読みたかったですね。篠原一さんとか、後ほど触れますが、松下圭一さんとか、やっぱり「神々」へのあこがれもあるので。時期が重なったこと、竹中さんが一人しかいなかったことが残念でした。それにしても同時に企画がもりあがるというのは、ある意味で「政治学ルネサンス」の時期だったということですね。そこで叢書に話を戻しますが、これは単なるスタンダートではなく、日本の政治学界にとってこのシリーズは「革命」ですよ。

「革命」とおっしゃりたいのはわかりますよ（笑）。

──私のいた九州大学法学部なんて、古典的な政治学、とくにマルクス主義政治学の牙城のようなものでしょう。こんな政治学があることさえ知らなかった。でもこれをゼミで選んだ先生は立派ですよね。おそらくこういう政治学は自分の専門ではないのだから。とくに僕ら学部生が読んでいて、こんな数式や数字ばっかりの政治学があるのだと驚いた。でも、このシリーズではもっとも数式が得意のはずの小林良彰先生が、本文ではほとんど数式を使わないというのが面白いです（第九巻『公共選択』）。もちろん、当時知るはずもなく、今回読み直して思ったことですが。

ところで人選についてお伺いします、辻中豊さん（第一四巻『利益集団』）なんか、私よりは先輩ですが、このなかでは若いですよね。どういうバランスで選ばれたのですか？　あと女性が少ないのは仕方がない。第四巻『革命』の中野実先生にもびっくりしました。こういう切り口で革命を論じるのだなと。

慶應義塾大学の小林良彰先生、北九州大学の辻中豊先生のお二人は確か当時三〇歳ぐらいです。わたしより年下ですから。小林先生についていえば、最初の本が『計量政治学』（成文堂、一九八五年）です。そして叢書の『公共選択』は売れ行きも評判も良く、慶應法学部賞も受賞しました。こういう経緯もあり、先生から企画が持ち込まれるようになりました。原稿を全部耳そろえて持ってくる人だから、督促という必要がない。小林先生にはその後「社会科学の理論とモデル」全一二巻（二〇〇〇－一〇年）という一人一冊の書き下ろしシリーズの編者を務めていただきました。

――『公共選択』で数式を使われなかったのもそうでしょうが、竹中さんが編集者として「黄金時代」とも言える後の時期に手掛けられた、小林さんの『現代日本の政治過程：日本型民主主義の計量分析』（一九九七年）を読むと、先生の問題意識がよく分かります。数量を使う意味とは相手に逃げられないようにするという記述も面白いけど、研究史を書いている部分もい い。でも、升味準之輔が出てこないのです。五五年体制のことに触れるときに外していいものでしょうか。升味先生のような思弁的な研究はターゲットにしないということですか。

それは、いま気付きました。小林先生とはかなり付き合いましたけど、確かに升味先生の話しは出たことがない。

――でもこれを外すと、数量化できない類の政治の解き方がみえないような気がします。おそらく小林先生はそんなことを気にはされないのでしょうが、マルクス主義政治学の影響を受けすぎている私は気になります。このアプローチは、いろいろな国に対する比較などをするときにも説得力を持ちやすい反面、枠組みそのものが問い直される変動期へどう対応するのか。これは先生の守備範囲ではないのでしょうが。

「民主主義」とは何かという点については、もうすこしいろいろ深い議論が必要かもしれません。計量分析の重要性はわかるし、学界の先端を切り開いたと思いますが、思想としての民主主義は前提として捉えられていたように思います。ただ小林先生の後の世代になると、計量政治学は思想を対象としなくなります。だから小林先生は「日本型民主主義の計量分析」という副題を持つ本を書くのでしょう。それゆえ、後の『レヴァイアサン』第二世代との対立も生じたのだと思います。

——先生は民主主義を守りたいと書いている、そのためにやると明言している。でも次の世代はそれがないと。でも何が民主主義なのかというと思想の問題に戻るわけですね。

彼の日本型民主主義もそうですが、民主主義をもうすこし深掘りしてほしいなとわたしは感じている。

——話題になったので、『レヴァイアサン』グループとの関係をお話しください。話を叢書に戻しますと、人選とバランスの妙味など。これも猪口先生が考えられたのでしょうが、タイトルのラインアップや、全体構想みたいなことも。

わたしが猪口先生に聞いた範囲で言えば、叢書の企画は雑誌『レヴァイアサン』構想が出る前です。構想としては叢書企画が出てから『レヴァイアサン』という順番です。『レヴァイアサン』は、後で筑波大学の蒲島郁夫先生や辻中豊先生が編集委員になりますが、最初は猪口、東北大学の大嶽秀夫（第一一巻『政策過程』）、京都大学の村松岐夫の三先生ですね。詳しいことは分かりませんが、おそらくこの叢書づくりがひとつのきっかけになったのではないかと思っています。一九八七年秋の創刊ですから。実は猪口先生から『レヴァイアサン』を東大出版会で出してくれないかと頼まれたことがありました。東大出版会は雑誌を基本的にやらない方針を持っていたので断りましたが、結局、木鐸社からの刊行になりました。これは松下圭一先生の紹介も絡んでいるのではないかと、推測しています。

叢書のテーマについて話を戻しますと、最初の四巻分がマクロ、次の四巻分がミクロです。ついで、主体、過程、国際政治にそれぞれ四巻分があてられています。社内の企画会議で提案したら、政治学にマクロとかミクロがあるのかという議論があり、五分類各四巻ですっきりできそうなので全二〇巻構成になりました。

失われた機会

――ここで冒頭に触れた大きな話に戻りましょう。予告プランから落ちた巻があります。まず第二巻に入るはずだった「政治発展」、矢野先生が書けなかった理由というのは、例のハラスメント事件ですよね。

その通りです。事件が起きた一九九三年当時、本文の原稿はできており、すでにゲラになっていました。先生にもゲラを渡しております。ただ事件の後、ウィーンに行かれていました。先生からは完成して出したいと言われました。出版されれば先生の復権にプラスになったかもしれません。ただあれだけのハラスメント事件を起こした著者の学術的な著作をどうするかについて、東大出版会の事務局職員レベルでも議論が割れました。必ず批判されることが分かっているのに出すことはないという意見の方が強かった。そのときの東大出版会の理事長は法学部で行政学の西尾勝先生でした。

理事長の判断を仰ぐのが望ましいということになり、西尾先生に会いました。すると先生は一言「中身はいいのか」と訊かれた。「中身はいいです」と答えた。「ならば出していい、批判は批判、研究は研究という姿勢を示そう」という明快な判断でした。こういう点、大学出版会という組織のメリットが表れていると思います。

これで、こちらの決断がついたので、ウィーンの矢野先生とやりとりを何度かしました。ネックとなったのが、本文はゲラになっていたけど、注や参考文献の原稿がまだできていないことでした。矢野先生によれば、京都に参考文献は全部あるが、ウィーンではアクセスできないので、京都に戻った時に注と参考文献を完成する、とのことでした。インターネットが普及する前の時代のことです。先生はとにかく文献に当たって注を完成しますとおっしゃっていたのですが、三年過ぎ、四年過ぎとなります。

——で、出ないままお亡くなりになられて。

一九九九年に亡くなられた後、奥さんと息子さんから手紙をいただき、電話でやりとりしました。「故人が出したいと言っていたので、何とかなりませんでしょうか」と。わたしの出した手紙なども矢野先生のもとに残っていましたから。本文だけのゲラしかできていないという経緯も説明しました。なんとかできないかと思いましたが、でもね、文献も注も付いていないものを、このシリーズとしてはとても出せないという判断をわたしはしました。

——ほかのかたちで遺稿として出すような話はなかったんですか。

他の出版社にもあたられたようですが、やはり注や文献がないのは出せないという判断で、宙に浮いたようです。結局、未刊。教え子の研究者もいたはずですが、だれも名乗りをあげず、遺稿を完成して出版しようとする動きはご遺族関係者以外にはなかったように思います。

——落ちた巻の話で言えば、栗原彬さんのものはなぜだめだったのでしょうか？　栗原さんの経歴はこのシリーズのなかではユニークです。政治史の方でしょう？

そうですね。政治社会学の栗原先生も、猪口先生と同様に、東大教養学部で京極先生の教えを受けた方です。栗原先生も猪口先生も、お二人とも共通していたのが、旧来型の政治学はだめだという点でした。そこで東京工業大学の今田高俊先生（第七巻『社会階層と政治』）とセットで「社会運動と政治」（当初プランでは「社会意識と政治」）を栗原先生に依頼したという経緯があります。

栗原先生に東大本郷の山上会議所でこの企画の件で会ったときなど、先生は積極的で「ぜひやりたい、猪口さんとは昔から政治学はいまのような学問でいいのかという議論をしてきた仲だから」。そうおっしゃっていました。ただ遅筆なのはわかっていました。本格的な論文もいいけど、むしろエッセイ的なところに魅力があるから、そういう腹づもりで原稿催促に当たるようにと先輩編集者からのアドバイスもありました。

お会いして話しをすると、とても面白い。人柄にも惹かれました。実は先生はこのテーマに関連していろいろなところに寄稿されていたのです。叢書は書き下ろしでしょう。でも先生は書き下ろしが苦手だから、このテーマの章をいくつか独立させて発表して、後で叢書の一冊としてまとめてくださるのだなとわたしは思っていた。わたしの思い込みだったのでしょう。それらの論文は別の出版社から本にまとめて出されたのです。

——それはだめだ。

驚いちゃって。え？　と思って。その著作とは別に、新たに書き下ろしてもらって叢書の一冊にして刊行するというのはちょっと実現できないかもしれない。できない。意欲を失いました。矢野先生が亡くなったのが一九九九年。わたしはこのとき叢書の未刊二点について展望を持てなくなったというのが正直なところです。

四半世紀を経て

――で二冊は永久欠番だろうと思っていたのですが、ちゃんと穴埋めされていますよね。同じ二〇一二年に二冊出て完結しています。タイトルは変わりましたが。これ、竹中さんの仕事？

猪口先生主導で完結されました。わたしはこの二冊が刊行された時は、すでに常務理事を退任していました。（巻末の）担当書籍一覧にはあげましたが、実務は執っていません。

――矢野先生の第二巻の代わりに『ガバナンス』をご自身で書かれましたね。

もう一冊、栗原先生の代わりの第八巻が『イデオロギー』です。これは蒲島郁夫先生（第六巻『政治参加』）ですが、熊本県知事になられていて、筑波大学の竹中佳彦先生と共著になりました。そして、猪口先生の主導で、二〇一二年一一月に完結記念パーティを椿山荘でしました。披露する機会はありませんでしたが、わたしは矢野先生の『政治発展』のゲラを持参して出席しました。

――恒川恵市さんの第一六巻『企業と国家』。これどうでしょうか。刊行が一九九六年九月とあります。一〇年かかってよくぞ出ました。

期待作です。遅々として進んではいました。直接お会いするたびに、前に進んでいるというのは見えていました。東大教養学部でしたので、駒場に行く機会があるごとに研究室に訪ねていきました。

——この本を読んでいて、マルクス主義という言葉がたくさん出てくるのは叢書でこれだけです。他のものは少し出てきても、全部斜めに構えた記述です。恒川さんだけは正面からとらえて、かつそれをうまく整理しています。さきほど話題になった講座派と叢書派のリスト両方に入っておられました。どちらから見ても書いてほしい人なのでしょう。本も分厚いです。この年でシリーズ読み直して、これがベストの一冊だと思いました。

そうですか。実は先生が書き上げたとき、分量を減らせと言う気力がわたしにはもう残っていなかったのです。あまりに待ち続けたので。他の人には減らせと言っていたのですが。もう、原稿が出ただけで嬉しかったみたいな、そんな感じでした。

本当は統一価格を維持したかったのです。分量もそれと関係があります。でももう刊行八年目だし、値段をあげてもいいかとなりました。

――恒川さんについては、もう一度、続きをお伺いするとして、山口定さんの第三巻『政治体制』はどうですか？　本来の山口先生の持ち味が発揮されていないような印象を受けました。

大阪市立大学の山口先生のもとには奈良のご自宅を含めて何度かうかがいました。先生は、本当は、社会主義政治体制を加えて書く予定だったのですが、ソ連・東欧の激動のさなかでの執筆となり、社会主義政治体制に触れることができなくなったのです。社会主義体制の行方が見通せなくなりました。刊行が一九八九年一〇月三〇日です。

――そうだったのですね。ある意味で先生の一番面白い部分がなくなったのですね。これって難しいですね。国内政治を書いている人は、自民党の五五年体制を前提に書いています、基本的に。まだ細川政権ができていないし、中選挙区制だから、いま読み直すとピンときませんよね。制度が変わると選挙は厳しい。国際関係についていえば、直前に影響を受けたレーガンの「新冷戦」の暗い話と、ゴルバチョフによるペレストロイカの明るめの話のなかでかじ取りが難しい。つまり、時代の文脈に叢書の中身はかなり規定されざるを得ないのですが、一〇年出版が遅いというのを割り引いても、恒川さんの『企業と国家』はいまも面白い。時代を超えて残る一冊はどういうものかと考えたりします。

叢書の中でもっともロングに売れたのは神戸大学の三宅一郎先生の第五巻『投票行動』です。これはコンスタントに需要がありました。中選挙区制の話ですが、その後も読まれています。朝日新聞の石川真澄さんや駒沢大学の福岡正行先生などの選挙分析がブームになりましたね。どうしてそんなに正確に予測できるのかと。いまでは当たり前かもしれませんが。そういう意味で分析の素材は古いけど、この手のアプローチはいまだに人気があると思います。

――叢書全体への反響はどうでしたか?

これは出たら、かなり抵抗が強いだろうなということは覚悟していました。ただ刊行をした直後、「政治学講座」の執筆候補にも挙がっていた法政大学の鈴木佑司先生が朝日新聞の書評委員をされていてかなり好意的に取り上げてくれました。これがかなり大きかったとわたしは思います。

――当時は大学の先生はみな朝日新聞を読んでいますから、朝日に出ると売れますね。今は売れませんが。

この叢書は、毎月、次々と出しました。それで様子見をしていた書店が動きます。注文がどんどん増えるのです。これは面白い。値段も思い切って下げて安かったから。一八〇〇円ですね。

――一〇〇〇円台でこれだけ中身のある本がほぼ毎月に出てくるというのは、普通ないです。今だったら新書でも一〇〇〇円ぐらいするじゃないですか。中公新書も四冊ずつ出しますよね。学生でもこれ買います。コピーした方が高くて面倒。

そうですか。高校生なども読んでいましたね、とくに上智大学の猪口邦子先生の巻。中学生からも含めて、本に挟んでいる読書カードがたくさん来ました。

――第一七巻『戦争と平和』。これはもうタイトル勝ち。

トルストイ。著者には『アンナ・カレーニナ』はいつ出るのですか、という問い合わせがあったそうです（笑）。

——国際関係をやっている私としては、実はこの叢書の国際政治のパートの四冊には少し批判もあります。

はい、国際政治のパートについてもいろいろな評価がありうると思います。

——『戦争と平和』というタイトルの重さに比べて、ほとんど平和の話がないので、平和学会の人はむっとするだろうな、みたいな。戦争研究としてサイクル論とか、デモクラティックピース論が流行っていたから、そういうものの紹介なのでしょうが。

猪口邦子先生の『戦争と平和』について佐々木毅先生が日経新聞で書評されました。それで佐々木毅が猪口邦子を褒めるのは、実は学会の内輪褒めじゃないかという批判も在野の方から出ました。

――それは違うでしょう？　よくぞ佐々木先生が褒めたとみる方が正しいのでは。

わたしも書評が出たときにびっくりしたんですけど。なお、この本は吉野作造賞を受賞しています。

――よく勉強されていますよね。でも当時の流行の影響が強いですね。キューバ危機に関する官僚政治モデルなど、例えば、佐藤英夫さんの第二〇巻『対外政策』でも論じられ、重複があります。多くの方々が米国帰りでもあるので、欧州と米国を比較し、日本をそれにひっつけています。これで比較政治と言う。これは次回のテーマになりますが、一言で言えば、先進社会論を軸とした先進国研究です。

だから私みたいに学部の頃から「ブルータル」な地域を研究している人間から見て、面白いけど、結局は福祉国家論でしょう。福祉国家の比較研究みたいな感じで、これで全部、世の中がわかるのかなという思いがずっとありました。

叢書は毎月一冊刊行が方針でした。編者としての猪口孝先生がすごいのは、原稿が入ったら徹夜してでも読まれること。それで著者に注文を付けます。だけど、それは一回だけ。次に出てきた改訂原稿に関しては、あとは著者とわたしに任せるというかたちです。初校のゲラは渡しました。そして先生は「刊行にあたって」で一点一点にそれぞれ簡潔なコメントを寄せるのです。見事なものでした。

それから、刊行を開始した一九八八年の晩秋には中国から全巻を翻訳したいという打診があり、これは一九九〇年から北京の経済日報出版社により刊行されました。同年三月に猪口孝先生はじめ執筆者数人と共に北京に行き、中文訳刊行記念討論会を持ちました。このことも叢書執筆者や東大出版会を勇気付けました。

第四章　講座とシリーズの造成〜共同研究への挑戦

政治学新時代

——竹中劇場第三幕に入りたいところですが、前回の猪口孝さんを巡る話題の熱気が醒めません。実は私が院生時代、熊本大学で日本政治学会があってその共通論題で、猪口さんを生で見ました（一九九〇年一〇月七日）。「現代政治理論」というテーマで、蒲島郁夫さんが「民主政治理論」、山本吉宣さんが「国際政治理論」、討論者として今田高俊さん、村松岐夫さん、堀江湛さんといった錚々たる顔ぶれですが、猪口さんが司会でした。そこで自分より年配の重鎮の先生も含めて、全部「さんづけ」で呼んだのです。そして見事なタイムキーパーぶり。カッコよかったです。二〇〇一年に藤原帰一さんを国際政治学会大会の共通論題「二一世紀東アジアの外交と安全保障」のコーディネーターとして見たときもビックリしましたが。司会とコメンテーターの役割をあれほど見事に切り分けて、言葉の過不足なくバランスよくコメントしていくというのもすごかった。いずれにせよ、この猪口スタイルがそのまま叢書に現れていると感じました。繰り返しになりますが、竹中さんは、そこまで叢書が転換点になると思っていなかったわけですよね？

政治学さらには社会科学、そして出版を含めてですが、状況を変えるだろうなとは思っていました。でも一方で東大法学部中心の「政治学講座」全六巻もやろうとしていたわけですから、「現代政治学叢書」単独で変えるだろうとは思っていませんでした。そういう意味では、出版物の価値は出してみないと分からないとも言えます。企画を立て、原稿をとり、本として出すときには、これは政治学全体、あるいは社会科学全体を活性化するのに役立てばと思っていました。

もう一つは東大出版会の著者の裾野を広げるということも課題でした。東大に限らず、全国レベルで優秀な著者を執筆陣に取り込む、オールジャパンを目指すという挑戦もしたつもりです。ただ実際には東大関係者の特に周縁の方との緊張関係を持ちました。何だ、東大出版会はそういう著者のも出すようになったのかと東大出身者から言われました。でも「現代政治学叢書」と並行して共同研究としての「政治学講座」をつくりたいという思いも強く抱いていました。

――黎明期の出版会、とくに学部の先生方に相手にされていなかった頃を思えば、隔世の感ですね。ところでこの叢書は確かに一人一冊だけど、比較と共同研究の要素があると思います。別の巻の著者をリスペクトしあって、議論の枠組みなどが相互に参照されている。何よりも全員ではありませんが、パラダイムも共有されている部分も少なくない。計量政治学の巻では、政治学を科学にしようという意気込みが感じられる。このような企画は、結果として、比較政治学を日本で定着させる動力になったのではないでしょうか？　それから数量政治学が主流になっていく。他方で、私のような地域研究をやっているものから見ると、先進国や民主社会に眼が行って、ポスト冷戦がこれと重なって「明るい未来」の文脈にとらわれていく感じがしますが、比較についての意識がかなり進みましたよね。

地域研究の講座の話はあとでやりますが、比較を踏まえてとなると、升味準之輔先生の『比較政治』（第一巻「西欧と日本」は一九九〇年、第二巻「アメリカとロシア」及び第三巻「東アジアと日本」は一九九三年）をどう考えるかが大事だと思います。なぜなら、第二巻は斎藤真先生や有賀貞先生の本を切り貼りして作っている。今回、「アメリカとロシア」だけ読み直してみたけど、途中でやめてしまいました。学生時代は読めたのですが。科学としての比較政治を定着させるのは、叢書のおかげだと思いますが。

鋭いご指摘です。実は升味先生はさらに続きの原稿が一冊分ありました。わたしの手元に来たのは東南アジアでした。つまり、ベトナム、タイ、インドネシアを扱った『比較政治』第四巻の原稿はできていました。

――幻の本というのは結構、あるものですね。

でも原稿を読んで、これは出版するのは難しいと思ったのです。「ロシアとアメリカ」だってこれでいいのだろうかと思っていました。これまでの長いお付き合いでお世話になった先生だから断れないということがありました。でも『比較政治』も四冊目となると、まずい。升味先生のこれまでの評価を、この四冊目を出したら大きく失墜させると感じました。逡巡しましたが、先生にそう申し上げましたが、先生は納得されませんでした。

――普通しないでしょうね。

普通しませんよね。都立大学退職後は先生のお宅によくうかがっていたのですが、奥様がいらっしゃるお宅では言いにくいと思い、国立駅前の喫茶店でお会いして「出せません」と申し上げました。以後、先生との関係が切れました。正直な気持ち、大変つらい思いでした。いつも会うたびにお酒を飲み、話が楽しく、人柄もとても魅力的です。いろいろな情報、物の見方を教えてくれた方で、恩師のような方です。しかし、この四冊目を出すわけにはいかないと覚悟しました。おかげで升味先生を尊敬する政治学関係、歴史学関係の方から、東大出版会の竹中はひどい奴と言われました。

――でも最近の先生はちょっと、という話はあったわけでしょう。

そうです。先生と親しい方からもわたしに忠告がありました。その他でも、例えば、同じ時期に「東アジアの国家と社会」全六巻シリーズで『台湾：分裂国家と民主化』（一九九二年）を出された若林正丈先生からは、升味先生の意欲や意図はとてもいいけど、台湾を扱った第三巻「東アジアと日本」を学生に薦めるわけにいかない、その不正確な記述を全部直さないと読めとは言えない、と。

――だって比較と言いながら概説ですもの。アメリカはまだしも、ロシアのところなんか本当に大丈夫か、みたいな感じでした。でも冒頭で比較の論点を整理されていますよね。あれだけなら仮説としてまだいいのですが。あの部分と本論がつながらないのですよね。

升味先生との関係が切れた後の顛末も少しお話しします。その後、升味先生は『昭和天皇とその時代』（山川出版社、一九九八年）や『なぜ歴史が書けるか』（千倉書房、二〇〇八年）を出します。『昭和天皇とその時代』が出た時、どうして東大出版会はこの企画を断ったのかと事情を知らない研究者の方から言われました。当然、東大出版会に打診があって、出版会は断ったのだろうと思われたのですね。でも升味先生からはもうお声は掛からないのです。

——日本の政治を語らせたら、先生はいつもすごいから。

高等講談という話を前にしました。繰り返しになりますが、明確な枠組みと透徹した視野をもって読ませる文体で通す。小粒でぴりっと効いた言葉も出てくる、砕けた言葉だとか、升味節、先生独特の文体です。御厨貴先生は「升味史論体」と命名されました。その御厨先生の解説付きで二〇一一年に『日本政党史論』（全七巻）新装版も出しました。二〇一〇年八月に亡くなられた先生への供養の思いを個人的には込めました。これは金字塔でしょう。

付き合いがあったころの話ですが、『日本政治史』の最終巻の第四巻で昭和が終わります。意図したわけではないのですが、一九八八年一二月の刊行です。ちょうど昭和が終わる直前でした。本の中身は中曽根政権で終わりますが、昭和天皇の容態がニュースで流れているなか、升味先生は最後を書ききり、赤字がたくさんのゲラでしたが、責了にしました。先生は偉大な方だと思います。

――日本の政治学を語る際に、升味準之輔がいかに大きな存在か、竹中さんの話を聞くと思い出されます。

企画「講座国際政治」

――さて竹中さんの編集生活も、第三期に入ると叢書の経験を経て、共同研究を様々なかたちで企画されるようになります。ひとつは講座のリニューアルです。もうひとつは一人一冊なのですが、シリーズとしての企画です。そのベースには比較政治的なまなざしもあります。まずは講座からですが、一九八九年から刊行される「講座国際政治」全五巻は有名ですね。

講座の詳細と執筆陣一覧

『講座国際政治』全五巻　有賀貞・宇野重昭・木戸蓊・山本吉宣・渡辺昭夫編

第一巻　国際政治の理論

序章（山本吉宣）第Ⅰ部国際体系の実体と思想（斉藤孝、浜下武志、鈴木董、初瀬龍平）第Ⅱ部国際政治の理論（猪口孝、大畠英樹、山影進、田中明彦、最上敏樹、高柳先男、山本吉宣）

第二巻　外交政策

序章（有賀貞）第Ⅰ部外交の歴史的変遷（池井優）第Ⅱ部政策決定と外交交渉（佐藤英夫、土山實男、西原正、大芝亮）第Ⅲ部各国の外交政策（五十嵐武士、平井友義、岡部達味、木畑洋一、舛添要一、塩屋保、浦野起央、首藤もと子）第Ⅳ部現代国際社会と外交（猪口邦子、中嶋嶺雄）

第三巻　現代世界の分離と統合

序章（木戸蓊）第Ⅰ部国際統合の理論と展開（鴨武彦、百瀬宏）第Ⅱ部地域主義の可能性（金丸輝男、松本三郎、加茂雄三）第Ⅲ部社会統合と国際関係（石川一雄、梶田孝道）第Ⅳ部分離と統合の諸相（上坂昇、羽場久浘子、黒柳米司、広瀬崇子、丸山直起、小田英郎、関根政美）

第四巻　日本の外交
序章（渡辺昭夫）第Ⅰ部日本外交の決定要因（五百旗頭真、草野厚、曽根泰教）第Ⅱ部日本外交の諸問題（梅本哲也、山本武彦、稲田十一、平野健一郎、横田洋三）第Ⅲ部日本外交の評価（入江昭、高坂正堯）

第五巻　現代世界の課題
序章（宇野重昭）第Ⅰ部戦争と平和（山本満、蝋山道雄、佐藤栄一）第Ⅱ部富と権力（深海博明、野林健）第Ⅲ部抑圧と貧困（鈴木佑司、渡辺利夫）第Ⅳ部生存の条件（廣部和也、増田祐司）第Ⅴ部座談会「二一世紀への展望」（講座編者）

——経緯を詳しくお願いします。これは政治学の幻の「講座」の執筆陣も、猪口叢書の執筆陣も両方、入っています。

「講座国際政治」の企画検討開始は一九八六年頃ですので、企画が固まった「現代政治学叢書」の原稿督促段階と並行しており、叢書の「国際政治」のパートに関わった人が入りました。国際政治だから日本政治研究を銘打った『レヴァイアサン』グループはいません。もちろん、オールマイティの猪口先生は入っています。

思い出しますが、「現代政治学叢書」や「講座国際政治」を刊行しまして、わたしが敬愛の念を抱いていた衛藤瀋吉先生に怒られました。先生は学生の頃の猪口先生をとても評価されており、後押しもされていたにもかかわらず、その後、破門されていたことがあります。理由はわたしにはよくわからないのです。衛藤先生は結構、ウェットな性格でした。さらに山本吉宣先生や田中明彦先生（現代政治学叢書第一九巻『世界システム』）などを入れたことで、自分の弟子を勝手に使うなという意向だったかもしれません。それから、これは後で出版会の同僚から聞かされたのですが、どうやら先生は自分で国際関係の講座の出版をやりたかったようなのです。わたしはそのことを知らなかった。先生からみたら東大出版会の竹中は、自分の希望を無視して国際政治・国際関係の企画を進めていると思われたのでしょうね。わたしは嫌われました。

わたしは衛藤先生の研究をとても評価していました。『無告の民と政治　新版』（UP選書、一九七三年）では中江丑吉を取り上げていて、それを読み、先生はわたしが出版会の編集部に移る前からあこがれの存在でした。企画として成立していた共著の『鈴江言一伝：中国革命にかけた一日本人』（一九八四年）も志願して担当しました。わたしは確かに先生に遠ざけられたけど、先生を嫌いではない。先生は面と向かってなんでもはっきり言ってくれる方です。陰口を言わない。パーティなどをやるとわたしにも必ずお声がけくださいます。で、あいさつに行くとそこで怒られるわけですが。

――それでどうなったのですか？

講座で国際政治をやってみたいとは思っていましたが、衛藤先生の提案はわたしは知りませんでした。わたしはオールジャパンの企画を作りたかったのです。きっかけはある先生から、国際政治学会が三〇周年を迎えるので、東大出版会から記念論文集を出してくれないかという依頼でした。でも断りました、学会の記念論文集なら、先端的な研究書になるでしょうが、学会企画だと学会ポリティクスが働きますね。そうすると当たり障りのない目次構成になりがちです。そして出版社側から働き掛ける余地がそれほどあるわけではないから、あまり面白い企画にはなりません。

この話しが出たのは、一九八五年か、八六年頃だと思います。そういう折、有賀貞先生とご一緒する機会がありました。雑談で、国際政治学会三〇周年記念出版企画を断ったと、理由を述べながら話しをして、話しの流れが学会事情にとらわれない講座ができないだろうかということになったのです。その一カ月後くらいでしょうか、有賀先生から、成蹊大学の宇野重昭先生、神戸大学の木戸蓊先生と東京大学の渡辺昭夫先生、この四人で、学会とは違う立場で講座を作ってみたいと提案されました。そして、たびたび編集会議を行い、全体の目次構成をつくる会議を一〇回以上やったと覚えています。いつも木戸先生が神戸から東京に来るタイミングで会議を持ちました。会議が終わった後の一献。木戸先生に新宿によく連れていかれました。

――先生、ダンディだからね。

かっこいいんだな（笑）。

――かっこいいですよ。

ところで「講座国際政治」として四～五冊出すにせよ、編者に理論に強い人間がいないとだめだという議論になりました。それで渡辺昭夫先生が東京大学の山本吉宣先生に、理論担当をお願いしたら、すぐにOKとなり、以後は、この五人で編集会議をしていきます。わたしは口酸っぱく学会ポリティクスで人選しないようにいいました。これに対して木戸先生から、では二年後に出すとして、執筆候補者は五八歳以下で選ぼうという提案がありました。

――年齢で？

そんな発想があるのかとびっくりしましたが、そうすれば学会で偉い人に対して、こういう方針だと説明できると。わたしは年齢制限で執筆者を選ぶというのは経験したことがなかったです。

激動のなかで

――編者が各巻をまとめていくかたちをとったのですか？

編者一人一人で各巻を独自にやるのではなく、毎回、相互に乗り合いしながら進めました。最終的な執筆依頼は東大出版会から出しましたが、断った人はほとんどいませんでした。最後まで返事がなかったのは、第四巻『日本の外交』の執筆候補者の京大の高坂正堯先生です。編者から電話してもらい、了解をもらいました。原稿とゲラの授受で京都大学の研究室にも糺の森のお宅にもうかがいました。

「講座国際政治」の刊行開始は一九八九年九月です。最終巻第五巻『現代世界の課題』の刊行が一九八九年一二月。もうほとんど原稿が上がった段階で、一月に昭和天皇が亡くなる、六月に天安門事件は起きる、一一月にベルリンの壁が崩壊する。特に「ベルリンの壁」についてはあぜんとしました。もう刊行を開始していたのであり、この世界的な出来事に対応できない。この最終巻の座談会に、よっぽど書き足してもらおうかとも思いましたが、事態の行方が分からないままに書き足すこともできない。それに一九八九年以前から木戸先生は、社会主義圏は動いているから、扱うのはちょっと控えた方がいいということもおっしゃっていました。

——だから、それがないわけですよね。

読者は不満があるのですね。「ベルリンの壁」の崩壊をどう位置付けているかという問い合わせがありました。講座では一切触れられていないのです。

——そういうのは難しいですよ。私たちも北海道大学出版会から『北東アジアの地政治』(岩下明裕編、二〇二一年)を出したでしょう。コロナの前にすべて終わっていて、出すタイミングで困った。同じタイトルだけど中身がほとんど違う英語の本をその後、ラウトレッジから出したのですが (Akihiro Iwashita, Yong-Chool Ha and Edward Boyle eds., *Geo-politics in Northeast*

Asia, 2022)、今度はロシアのウクライナ戦争が始まった。原稿が全部出て最後の確認やっているときですからね。執筆者にはほとんど加筆させないことにして、序文とおわりにで本書の意義が、ロシアのウクライナ戦争でも損なわれないことを一、二段落いれて強調した（笑）。この本の書いていることがロシア、ウクライナ、要するに今回のことにどう影響を与えられるかということを読み解くのに、こういう意味で役に立つという風に。ヨーロッパの本じゃないからまだよかったけど、ロシアのことはメインのひとつだから。

で、講座第五巻の座談会「二一世紀への展望」ですが、いつやったのですか？

座談会は「ベルリンの壁」が崩れる一年前ですね。要は、全体の原稿が揃うのが遅れて、刊行が遅れたのです。予定通り原稿が入らない。遅れたあげく、世界を揺るがす事件が起こった。従って、一年前ぐらいの座談会を載せるという形にならざるを得なかった。

——それで違和感があるのか。全然まとまりになっていないですよ。なんか冗長で、しかも時期も何か分からない。

その通りだと思います。

――ない方がよかったかも。

でも、講座のテーマから漏れたいろいろな課題をこれで補う腹積もりだった。

――落ちた原稿もあったのですか。

ありませんでしたが、最後までやきもきしたのが高坂正堯先生。

――分かります。高坂さんはテーマとほぼ関係なく自分の話をしているな、これ。皆さん、好きなことを勝手に書いている。だから、編者がすり合わせを何度やられたかは知りませんが、これは論文集の枠を出ていない。申し訳ない言い方ですけど、竹中さんが目指していた講座のかたちとしては成立してないと思います。もっとも、これだけの顔触れが一堂に会したオールスター勢ぞろいの意味はあります。だからこれは当時の日本の国際政治学の在り方がわかる一種のダイジェスト版です。

あくまでダイジェストですね。

講座の魅力とその限界

——コンパクトに。ただ申し訳ないけど、猪口叢書と出会ったときのような、わくわく感がない。

はい（笑）。

——なぜそうなるのか、思いついたのですが、一つは、「講座国際政治」と「現代政治学叢書」で書き手としてかぶっている人たちは、ほとんど叢書のエッセンスで書いている。かぶってない人たちの話も、その方のこれまでの著書を読んでいれば、だいたい見えてしまう話です。でも第一巻『国際政治の理論』は面白かった。山本さんの序章から始まって、第Ⅰ部「国際体系の実体と思想」の執筆者の並べ方がなかなかいい。斉藤孝、浜下武志、鈴木董、初瀬龍平と続くラインアップはとても刺激的です。第Ⅱ部も悪くないけど、最上敏樹さんについては難しいところがあります。彼は国際法学者というよりは一種の思想家でしょう。「国際機構法」と銘打っても、横田洋三さんとはまったくアプローチが違う。ただこの巻に関して言えば、ばらけた感じや多様性が全体的な読み応え感を出している。もっともこれが共同研究とは言えるかどうかは別ですが。第二巻『外交政策』の執筆者も悪くないです。西原正さん、土山實男さん、大芝亮さん、平井友義さん、岡部達味さん、浦野起央さん、中嶋嶺雄先生など一人一人が立っていてとても個性的です。舛添要一さんの名前も懐かしい。ただ問題は、巻としての一体性がますますなくなって、バラバラ感が強まります。

何が言いたいかというと、叢書は一人で書く、講座はみんなで書くという違いを前提においても、みんなで書くから共同研究にならず、個別の論文集にとどまっているものが多いのではないかということです。逆に叢書を一人で書いても、全体のシリーズで共同研究的になるものもある。各巻とも最初の方は良くても、後ろにいって地域別や国別、個別のパートになるとあまり面白くない。もちろん、面白いものもありますが。

おのずと執筆者が限られてしまう、国別、地域別になると。

——しかも、あまり「比較心」のない人が書くわけでしょう。今なら比較を多少はみな意識して書くでしょうが。まだ比較政治も発展途上。他方で、神々はすでにおらず、八ヶ岳が二〇ぐらいになっているけど、まだ高原での遊び方に不慣れだと。僕らの世代はもう少し遊んでいます。しょうがないですかね。みな自分の研究、自分の分野しかやらないから。よその分野に対して手を出すと、よその小さい神が怒るでしょう。さきほど升味先生のことを批判したけど、その志は素晴らしいものだと思います。

そうです（笑）。

――だから日ごろから、そういう地域研究者同士の交流や情報交換をよくしておかないといけないわけですね。比較を意識して。例えば、私はロシアとインドの関係なんかも書くじゃないですか、そうすると昔の先生方はロシア側の見方しか書いてないわけです。インド側からみたらファンタスティックな分析もあります。これを避けるためには、必ずインド研究者にも見てもらってコメントをもらうこと。

分析を擦り合わせながら、見方の違いにセンシブルになることです。その国のことを主としてやっている人が読んでおかしい、事実も違うというのは、まずいのです。最低限、その方々が納得するものにしないと。たぶんこの時代は、比較や相関分析をするときに、そういうことをやってないと思います。自分の範囲でしか書かないじゃない。だから数量化や枠組みの整理が重要になってきて、これらの問題点を乗り越えようといまの若手の研究者はみな精進していると思います。でも共同研究や講座への道のりは遠いですね。

中身は編者が読んで対応するのですが、わたしが一人ではこなし切れないので、もう一人の編集部員と組んで本作りに携わりました。編集部の仕事はもっぱら枚数調整でした。多かったですよ、枚数書き過ぎの人（笑）。そうすると分厚くなって定価が高くなります。

――よく短くまとめたなという感じですが。

「現代政治」シリーズ

しかし、「講座国際政治」はいい経験になりました。時代の大きな変化の浮力に抗し、かつそれを体現しうる企画を考えていこうと思いました。冷戦が終わったあとの一九九〇年代から世界各地に視野を向けたシリーズを出版しようと決意しました。特に地域研究の講座は九〇年代から二〇〇〇年代にかけていろいろ企画しました。

また「講座国際政治」と並行して『スウェーデン現代政治』、『アフリカ現代政治』など、こういうスタイルでの地域研究としての政治学シリーズの出版も進めていました。でも二一世紀になるとこれが難しい。個別にやっていくのでは手が回らない。以前も話題になりましたが、大型の科研費がここで入ります。特に中国、南アジア、イスラーム地域、アメリカなど大型の予算をもとに、成果をシリーズで出していくかたちになります。ある意味で、講座が、神々の集いとしてではなく、高原型の共同研究的なかたちで復権していくわけです。

――ちょっと付け加えたいのですが、外国の研究は確かに共同で科学的にできるところも少なくなく、それはそれで大事で主流になるとしても、それでも歴史もやらなければならないとすれば、ここは比較というよりは、一人でディープに書くことになりますよね。思想もそうではないですか？　要するに学界の傾向が二分化していくのではないかと。もちろん、神々はいませんから、小粒で細分化された一国一城かもしれませんが。

おっしゃる通りです。政治思想史や政治史の著者ともわたしはたくさん付き合いましたが、その分野については、講座とか叢書はまったく考えませんでした。この人たちに共同研究というよりは、一人一人でやってほしいと。その成果もきちんと出していく。確かに政治思想史シリーズだとか、日本政治史シリーズなど、少し考えたことはあります。でもこれは成り立たないなと思ったので、こちらは単独著を積み重ねていこうと考えました。

——単独著と講座やシリーズを分けるということですね。でも叢書スタイルの一人一冊の書き下ろしの方がうまくいってますね。ではその一人一冊、叢書ではありませんが、各国別シリーズの話に行きたいと思います。

このシリーズも私は結構、読みました。筑波大学の岩崎美紀子さんの『カナダ現代政治』（一九九一年）、すこし時間が経ってからですが、早稲田大学の坪井善明さんの『ヴェトナム現代政治』（二〇〇二年）など。これコンパクトですよね。下斗米さんの『ソ連現代政治』（一九八七年）はもちろん、後で触れる『スウェーデン現代政治』（一九八八年）も面白かった。日本の社会科学とかの本は、欧米中心、しかもイギリス、フランス、ドイツ。スペインとイタリアはファシズム関連であります。そして北米はもう米国偏重だから、カナダ、スウェーデンは新鮮でおおいに刺激されました。単にそれまでの私の勉強不足だったに過ぎませんが。

企画についていえば、例えば、恒川恵市先生には「ラテンアメリカ現代政治」を依頼しました。タイの現代政治は矢野暢先生が書きたいとおっしゃっていました。

——ただ、今、読み返して思うのは、小田英郎『アフリカ現代政治』（一九八九年）。これは今だったら恐ろしくてできないですね。アフリカをひとつに一冊で扱うなんて、これだけで怒られるでしょう。

おっしゃる通りかもしれません。

――しかもこれアフリカをまとめて論じる意味がわからなくもないけど、ちょっとおおざっぱで。でも入門編としてはいいかも。

はい。類書がなかったこともあって結構需要がありました（笑）。

――当時はアフリカの政治をこれほど語る本は少ないですから。私も買いました。ただ、この本が難しいのはアフリカ全体を描こうとするから、それぞれの違いが見えにくいところです。帰納的な記述で、革命、アパルトヘイト、内戦などに収斂するから、入門編的に言えば、アフリカの地域別の、例えば、植民地来歴の違いとか、そういう章が欲しかったです。もちろん、個別テーマとしては面白いです。エチオピア革命論も、アパルトヘイト分析も読んでいて腑に落ちる。私は国境問題をやっているから、内戦のところは特に興味深い。だけど、これを読んでも結局、アフリカとは何かがはっきり分からないという印象を持ちました。

はい。このシリーズで出なかったのを思い出します。前にも言いましたが、中国、フランス、イタリア、イベリア半島、バルカン半島、インド、タイ、ラテンアメリカなどなど。

——もったいない。

この「現代政治」のシリーズはアドバイザーは複数いましたが、編者という人はいませんでした。未刊に終わったのは、わたしが忙しくなって、常時催促するような態勢がとれなくなったことも関係していると思います。いつも講座シリーズや単独著をたくさん抱えていたし、管理職として編集部をどう運営していくか、また新人編集部員の教育もあり、企画促進や原稿催促に手が回らなかったのです。

——「現代政治」シリーズは一つ一つだから、叢書のように落ちるとまずいという強迫観念が弱いのかな。叢書だと二〇冊とか決め打ちしているから。しかも叢書は猪口さんがいて、にらみを利かせてるし。そういう意味では、このシリーズは「神々の時代」の名残がありますね。繰り返しになりますが、刊行委員会をつくってそこに大先生を入れてプレッシャーをかけないとだめだな。

現代を学問にする

前にも話しましたが、一九八六年ごろ、各国現代政治シリーズを企画した背景の一つに、現代政治については評論にしかならないとおっしゃる方々がいたので、それに挑戦したいということがありました。政治学の役割として読者にきちんと現代、現在の政治を伝える任務があると考えたわけです。

だから、最初に阿部斉『アメリカ現代政治』（一九八六年）を持ってくれれば、あまり批判されないだろうと思いました。私はロシアやソ連史についての研究者地図についてそれなりに知っていましたから、下斗米伸夫『ソ連現代政治』はその次がいいだろうと思いました。この二点を出してみて、それなりの関心と売れ行きが見えたので、手を広げていったのです。

――『ソ連現代政治』は時期的には素晴らしかったですね。売れたでしょう、あれは。だってペレストロイカのことをきちんと書いた最初の本ですし、歴史研究者が現代を扱うとこうなるのかと若い私には刺激になりました。研究者も現代をやっていいのだと目が開かれました。当時のソ連、ロシアの時事解説は、怪しい評論家の先生しかいなかったから。下斗米先生の八面六臂の活躍には目を見張っていました。

そうそう。もちろん、ソ連物の共同研究は出ていました、木鐸社かな。あの頃、ペレストロイカとは何か、ゴルバチョフは何者かってという関心が世間に強くありました。ただ『ソ連現代政治』の帯のコピー文案に「ペレストロイカ」を入れたら、営業局からそんなカタカナはわからないから、日本語を入れてくれと言われました。そういう時代でした。

——ところで、岡沢憲芙さんの『スウェーデン現代政治』ですけど、叢書の『政党』もよかったですが、今回、読み直してみて、すごく面白い。

目次ですか？

——こんな目次、見たことないです。

ええ、普通、このような「実験」を連ねる目次構成はできないですね。これは先生が考えました。わたしにはこういうアイデアはありませんでした。

――ある意味で、明石書店がやっている「……を知るための五〇章」といった例のシリーズの先取りです。そしてそれよりアカデミックで。誰もこんなことをしようと思わないから、この本はすごい。逆に、よくこんなのをやめてくれと言わなかったですね。

それは、「現代政治」シリーズで新しい政治学を創っていくという思いがありましたから。さまざまな実験的なものを否定するつもりはなかったです。まさしくこの本は「実験」と目次にも本文にも書いていますよね。このような試みも本として反映させたいと。もちろん、オーソドックスな本作り、例えば、阿部先生のものですが、これはこれ、でも、そうではない本作りをしてもいいという思いがありました。大学出版、学術出版を企画する醍醐味は「逸脱」にあります。

――学生も読める。専門としない研究者も読める。こういう本がどんどん出てくると比較政治みたいなものもやりやすくなります。でも私はここでも恒川さん押し。『従属の政治経済学メキシコ』(一九八八年)は素晴らしい。私はこんなに理論的に欧米研究者たちを換骨奪胎できる人を知りません。近代化論批判、従属論批判とか、ウォーラーステイン批判。ため息がでます。

ただこれはわたしの企画ではなくて、ちょうど「現代政治学叢書」の『企業と国家』を頼んでいたころに、別の編集部員が担当しました。『従属の政治経済学　メキシコ』はいい本で、重版をわたしが担当することになっていてリストに入れておきました。

——こっちを先に書いたの？

恒川先生はこの方を自分が出したいと思っていたわけです。『企業と国家』ももちろんやりたいけど、猪口先生から頼まれたというかたちですから。

——これはたぶん従属学派とかに対して考えたことを書きたいということでしょうね。

ペンペル・恒川理論があったでしょう。わたしは文献で恒川という名前を知っていて、初めてお会いする時にどういう人だろうという気持ちがありましたねえ（笑）。

――ペンペルさんはなかなかの大先生ですから。東アジアの経済を中心とした政治や国際関係の第一人者です。日本にお呼びしたことも、国際学会でお目にかかったこともありますが、紳士な方です。でもウォーラーステインが好きな人はどう思うのか、気になりますね。でも恒川さんがラテンアメリカに関心を持ったのはマルクス主義から入ったのですか？　グンダー・フランクとか学生時代に熱心に私も読みました。当時の学生はそうでしょう。

わたしも読みました、面白かったですよ。

――単純だけど（笑）。

いや、自分でも分かると思った（笑）。

――恒川さんはそういうものをやりたくてラテンアメリカ研究をやったのですか、それともラテンアメリカ研究をやっていて従属学派に触れたのでしょうか？　どちらでしょうか。

そこはわたしは分からないですね。恒川先生に「メキシコ現代政治」の企画をお願いした際、メキシコだけではダメだと、一国研究だけではダメだというスタンスでした。外国研究として一定の比較がなければとおっしゃる。だからラテンアメリカというくくりで「現代政治」の執筆を頼みました。

――確かに、ラテンアメリカ研究というのはそういう発想を持ちやすいですね。もともとスペインとポルトガルの植民地でしょう。ベリーズとかを別にすれば。それが行政国境で割れて国家になるから比較しやすいのかもしれませんし、比較しないとラテンアメリカは分からないということではないでしょうか。

でも「メキシコ現代政治」も読みたいですね。

お願いした「ラテンアメリカ現代政治」も書かなかった（笑）。書かない企画がたくさんあるのです、出した本より（笑）。

――何か出ている本よりさ、出なかった企画に面白いものも結構ありそうな気がします。

本当に。わたしが死んだらそれは消えていく、記憶も消えていく（笑）。「幻の本棚」ですね。

――ではこれからはもっと「幻」を意識して議論を続けましょう。

現在に生きる小国研究

――さて次の本に行きます。この百瀬宏先生の編著『ヨーロッパ小国の国際政治』（一九九〇年）は素晴らしいと思う。情勢は大きく変わっている現在から読み返しても、切り口の賞味期限がいまでも生きている。昨今のウクライナのことを考えて読んだときに、この本の射程の長さがわかる。ベネルクスはオランダ研究としてあると思うけど、ベルギー研究としてもある。でもベネルクス全体を小国として選んでEUとの中で、こういうふうに位置付けたこと。

それからオーストリア。ハプスブルクの研究は盛んですよね。第一次大戦で負けて解体されて、ハンガリーがどうこうとか、ナチスが出てくるとか。この地域を議論するとき、加害者と被害者性の境目が難しい。被害者だけど加害者になっている部分もあるから。ウクライナ問題を考えるとき、これが大事になるので、オーストリアを考えることがとても参考になります。実態としてもウクライナを考えるのに、ポーランドはもちろんですが、オーストリアやルーマニア抜きでは成り立ちませんから。ロシア中心史観だった私たちにはとても効く本です。

なるほど。

——そして小国論の枠組み。ノルウェーだってNATO国だけど外国軍を入れてないことでロシア（ソ連）に気を使っている。当時はもちろんNATO国ではなかったフィンランドやポーランドもそれぞれに対応しています。大国の隣国として生きる「小国」の知恵と実践を見事に描いていて、これも今のロシアとウクライナの関係を考えるときに響く。百瀬先生とは最近、個人的なおつきあいもありますが、扱っている時期が過去でも現在に意味がある研究というのはお手本ですね。恒川、百瀬の両先生の仕事に興奮してついしゃべりすぎました。

百瀬先生ですが、『戦間期の日本外交』（一九八四年）や「講座国際政治」の第三巻『現代世界の分離と統合』でお付き合いして、とても優れた魅力的な人だと思い、書き下ろしで『国際関係学』（一九九三年）を頼みに行きました。それは引き受けてくださったのだけど、こういう共同研究をやっているので、これも何とか出してくれないだろうかという話が『ヨーロッパ小国の国際政治』なのです。当時は本書の価値がよくは分からなかったのですが、ひょっとして、こういうものは世に出しておくことが重要ではないかといろいろ考えて、少し高めの定価でしたが、出版を決断しました。もっとも、残念ながら、あまり評判にはならなかったです。

——当然でしょう。当時、国際政治をやるひとはほとんど大国志向だから。スウェーデンやカナダでもそうですが、私に言わせると、中国、小国研究、つまり大国ばかりみても国際政治はわからないぞという流れのひとつを竹中さんがつくったということです。そしてこういう形でまとまっていくと、比較政治の今のかたちに近づくように思います。実際、面白いのは中東欧とラテンアメリカというのは比較の共同研究が進んでいるところでもあります。同僚の仙石学や村上勇介などずっとこの二つの地域を結んで一緒に仕事をしていますし。こういう小国、中国で近似性があり、来歴は違うけど、比較しやすいのかもしれませんね。あと帝国のはざまであるとか、近代化とか。

ミドルパワーとしてのカナダやオーストラリアについての本も積極的に出しました。

第五章　記憶に残る研究者たち

書き手を求めて

――ところで東大出版会には、東大が中心ではなさそうな本もありますよね。鶴見和子・川田侃編『内発的発展論』（一九八九年）なんかどうでしょう？　鶴見さんは水俣病事件などに関わる仕事でもよく知られており、ちょっと竹中さんの仕事の中では異色の感じがします。

これは上智大学に国際関係研究所が一九六九年にできたとき、東大から上智に行ってこれを主導した川田侃先生のご縁です。川田侃先生は東大出版会で本をたくさん出しておられます。『国際関係概論』（一九五八年）が最初の著作だと思います。

――やはり、まずは東大からですか？　もうすこしラジカルなアプローチを期待したのですが。ところで都立大の方々の本も多いですが、これも似たような経緯ですか。

わたしが担当した本の場合、都立大学の先生も東大出身者がほとんどです。ただ講座やシリーズなどでおつきあいした方にこちらから単行本を頼みにいくというかたちで、東大の外の先生にも広げていきたいというのは一貫した方針でした。

――そういう繋がりではない本はありませんか？　突然、手紙で相談にくるとか。

ありますね。例えば、北大のスラブ研究センターとの関係で言えば、木村汎先生が企画を持ち込みになられました。一九九〇年代です。北方領土をテーマとしたものでした。何の企画書も用意されずに突然訪ねて来られました、東大に来る用事があったのでと。口頭だけの依頼でしたので、「企画書を出していただきたい、それから研究センターにおられるなら、場合によっては補助金が必要です」と言いました。でも二一世紀に入る前ですから、当時は、補助金が必要という言い方は、著者に対する出版社の評価がワンランク低いと一般に見られがちでした。

――出版に補助金がいる人は低い。補助金なしで本が出る人は偉い？

ある時期までそうです。おそらく木村先生はこれを敏感に感じられたのでしょう。内容も水準を超え、十分に売れる可能性もあると思いましたので、企画書を出してくださいとお願いしたつもりです。そして、確実に刊行できる安全弁として、補助金が必要な場合もあると言ったつもりでした。結局、先生は企画書は提出されませんでした。

その他、それまでに縁のない方からの持ち込み企画も対応しきれないほどたくさんありました。その場合は、多く然るべき専門家に査読してもらい出版の可否を判断します。査読に回してその評価が厳しくて落ちる原稿というのは多かったです。わたしの方では出版の可能性があるのではないかと思いながら、査読による評価が低く、結局、出版できなかったものがたくさんあります。さらに言うならば、結果として、結局はどこからも出版されなかった原稿が多々あります。東大出版会で出せなくても他の出版社から出せるものもあったはずです。あるいは、東大出版会が企画を却下したことで、その執筆者の意欲を挫いてしまったということがあるのかもしれません。そういう意味では、わたしたちは、相手の研究者人生を左右するような判断を日常的に下さなければならなかったのであり、そのことは自覚しており、わたしたちの責任の重さを日々感じていました。

国際政治学へのリベンジ

未完のままの「国際政治講座」について話しを少ししたいと思います。企画の中心は藤原帰一先生です。彼は麻布の高校生の頃から、活動されていたと聞いたことがありますが、最初にお会いしたときは、東大社研の助手でした。私と会うやいなや、「僕は東大出版会の出す政治学の本は嫌いだ」と言いました。わたしはこれで彼が気に入りました。若手の研究者にはこれぐらいの覇気があってほしい。

藤原先生の、マルコス政権下のフィリピンで起こったアキノ革命を分析した助手論文「黄色い革命：『民主化』のパラドクスとフィリピンの政治変動」は、理論的枠組みを提示した上で、マルコス体制の崩壊とアキノ政権成立の過程を論じた素晴らしい内容でした。ただ結論がうまくできていないということで、東大出版会の刊行助成制度の審査でも出版保留と一旦なりました。とはいえ、内容は高く評価されましたから、結論の原稿が出来たら出そうということで東大出版会の企画会議に再提案して正式企画として承認されました。そして出版用原稿の完成をお願いしたのですが、ついにできなかった。ものごとの先が見えるのでしょう。「自分の欠点が見えちゃう」とよく言っていました。自分の結論に満足しないからなかなか完成しない。これでついに幻になりました。

さて国際政治の講座をもう一度、やりたいと思っていました。前の「講座国際政治」の座談会も含めて、もやもやを感じていたので、冷戦終焉後の世界を見据えて、次の世代でもう一回やりたいと考えていたのです。

そこでここは藤原先生だろう、もうオールジャパンはやったから、今回は藤原色を前面に出して、先生に好きにやってもらおうと考えました。藤原帰一共編の「国際政治講座」全四巻を企画します。これは東大出版会のホームページにも載っていますが、藤原帰一、李鍾元、古城佳子、石田淳先生を編者にお願いしました。とはいえ第三巻『経済のグローバル化と国際政治』(二〇〇四年)と第四巻『国際秩序の変動』(二〇〇四年)の二冊は出しましたが、第一巻『国家と国際秩序』、第二巻『アイデンティティとイデオロギー』の二巻が未刊です。かなりできていたのですが、藤原、李の両編者が書かなかった。編者が書かないから本づくりは進まない。李先生は韓国の民主化運動との関係で手が回らなくなったようですが、藤原先生はおそらく書くものの先が見えすぎて、筆が進まなくなったのではないでしょうか。直接に担当した若手編集者も苦労しました。

――坂本義和先生を彷彿させるところがありますね。でもその世代なら、もう高原で戯れる経験も豊富だし、共同研究的な成果も期待できるという発想はとても理解できます。

こちらはうまく行きませんでしたが、でも国際政治学については、中央大学に移られた猪口孝先生の別の「国際関係論」シリーズ全五巻がありますので、多少はリベンジできたと思います。第一巻『国際社会の秩序』（篠田英朗）、第二巻『平和と安全保障』（鈴木基史）、第三巻『国際政治経済』（飯田敬輔）、第四巻『国家の対外行動』（須藤季夫）、第五巻『国際関係論の系譜』（猪口孝）が二〇〇七年にほぼ同時に刊行されました。一人一冊の書き下ろしです。もっとも、この本づくりは別の編集者に任せていました。わたしは企画当初に関わっただけです。

アメリカ研究

――アメリカ研究の有賀貞先生のことを伺います。

その前に、有賀先生を一橋大に招かれた細谷千博先生の「幻の本」について一言話しさせてください。細谷先生は国際関係史や外交史を幅広くやられて、その共同研究の成果をわたしは手掛けました。それについても衛藤先生に怒られたことを思い出します。「細谷の本を出すのは気に食わない」と。理由がよくわからないのですが、ひとつは衛藤先生の弟子格の研究者が細谷先生側にいったこと、それから国際政治学会などとの絡みもあるのでしょう。また細谷先生は、もともとのご出身ではあるのですが、東大法学部との関係が難しかった。だから細谷先生は、東大出版会から本を出すときには、当初は東大の方との共同編集にするなど気を遣っておられたのです。細谷先生の編著には、アメリカがらみ、日米関係関連のものが多いです。有賀先生とのご縁もその延長上にあります。

もっとも細谷先生とわたしが本格的におつきあいをしだした頃は、「神々の時代」も終わっていて、もう東大法学部ばかりではないと思っていたので、先生に単著のお願いをしました。一九八〇年代半ば頃で「日本の外交」というテーマです。京極純一『日本の政治』に並ぶものが欲しかった。先生もやる気満々で四〇〇字原稿用紙一〇〇〇枚で約束しました。ただＮＨＫ出版からＮＨＫの教養講座をもとにした『日本外交の軌跡』を一九九三年に出されて、これが「日本の外交」の企画と被るかたちになりました。先生は絶対にやるとおっしゃっていましたので、協力者を用意して実現しようと努力しましたが、結局はできませんでした。

――有賀先生に戻りますが、この一冊というのは『アメリカ史概論』（一九八七年）だと思います。どうでしょうか。私にとっては一番面白かった。まず読みやすい。そして、この手の本は歴史叙述が多くなって、時期が狭くなりがちだが、この本は問題の立て方が必ずしも歴史のクロノロジカルじゃない。むしろ切り口ごと。だから有賀さんが考える、さまざまなアメリカ論が立体的にかみ合っている。とても勉強になりました。

有賀貞先生は、ご存じのようにアメリカ革命の独立戦争のときの外交が基線です。これをライフワークとされていました。一方で福村書店から『アメリカ政治史』（一九六八年）、東大出版会では本間長世先生との共同編著で『アメリカ研究入門　第二版』（一九八〇年）など出されています。テキストづくりと本格的な研究書の両輪のお仕事をされていました。前に触れた斎藤真先生の還暦記念となった『アメリカ独立革命』に有賀先生は寄稿され、そのときに先生と知り合ったのです。そして先生から研究書として『アメリカ革命』（一九八八年）の打診を受け、それを引き受けるとともに『アメリカ史概論』もお願いした。そのような経緯です。

――第Ⅴ章「日本から見たアメリカ史の意味」という研究史の整理が最高です。パイオニアとしての高木八尺《やさか》先生が戦前に描いたアメリカ像を戦後にほぼ修正する必要がなかったという整理も面白いし、何より、斎藤真、本間長世、永井陽之助、入江昭といった「巨人」たちをなで斬りにしていきます。斎藤先生については、端的に言えば、「古き良きアメリカ」の体現者だと言った書きぶり、ベトナム戦争や人種差別などで混迷が噴出してきた時期のアメリカについて、悲観的な永井の見方に対して、アメリカの復元力、いまでいうレジリエンスを強調した入江に軍配を上げるといった快刀乱麻にはため息がでました。

有賀先生は紳士そのもののお顔をされていますが、かなりきついことを書かれる方です。おっしゃる通り、斎藤真先生はじめ多くの研究者について一網打尽。これには原稿段階でびっくりしました。それぞれの研究者についてもう少し展開してほしいと思ったけど、分量のバランスの問題もあり、注文を付けられませんでした。

行政学

――次に西尾勝『行政学の基礎概念』(一九九〇年)。難しい本です。きつかったです。

西尾先生は行政学の辻清明先生直系の方で、政治学から独立した行政学をどう打ち立てるかというのが自分の課題のひとつにされておられました。行政学は一九八〇年代当時、京大に村松岐夫先生がおられましたが、村松先生は行政学者でもあり政治学者でもあるというスタンスでした。二人は親しかったと思います。西尾先生は行政学のオリジナリティを追求されていました。東大法学部で行政学担当は西尾先生のときは一人でしたが、今は三人になっています。公共政策大学院もできましたけど。

――そうですか。行政学が光を浴びてくるのは公共政策との関係もある。やはり政治の領域のなかで技術的な日常性を問うようになると、大政治ではない、日々の政治を統計など使って処理する、数字を使って分析すると行政学との接点が増えるのでしょうか。そうすると行政学が発展していくのかな。官僚制研究でしょう、昔の行政学は。

官僚制、あと地方自治です。西尾先生は「都市行政学」の企画もありました。あとで話題にしますが、松下圭一先生と親しくされていて、中央にも地方にも、その現場にいつも目を注いでおられました。

――要するに、人々の目線に立つ行政学ですか。

そうです。西尾先生には「行政学叢書」全一二巻の編者もお願いして、『地方分権改革』（二〇〇七年）を書き下ろしていただきました。先にお話ししましたが東京大学出版会の理事長も務めていただきました。大変にお世話になった方です。

――ところでこれに関連して、私が感銘したのは、水谷三公『英国貴族と近代：持続する統治一六四〇―一八八〇』（一九八七年）です。まず文体。すごく変わった人ではないかと。

そうです、その通りです。

——序を見て私はひっくり返りそうになりました。普通に難しい歴史書だろうと思って見たら、全然違う。

はい、実は、これが辻批判なのです。辻先生の英国研究批判です。辻の行政学のモデルは虚構であると。

——なるほど。それは分からなかった（笑）。

それは分からないように書いてあるのです。

——言われたら分かるわ。

わたしも実は作っているときにそれにまったく気付かなかった。でも、これをきちんと読んだ研究者に中央大学の加藤芳太郎先生がいました。当時、加藤先生の「日本の地方財政」の企画もわたしは追いかけていました。『英国貴族と近代』が出たころ、水谷先生と都立大学で会って渋谷の飲み屋「じょあん」に行ったとき、たまたま加藤先生がいらっしゃって「水谷君、あんまりやり過ぎるなよ」と言ったんですよ。そうしたら水谷先生は「先生、いえいえ、これはまだ序の口です」（笑）。会話の文脈がありましたから、それでわかった、水谷本の隠されたモチーフは辻批判。

——でも辻先生が読んだら分かるだろうね。

水谷先生も辻門下ですからね。ただ制度的にそうだけども、思想とか研究姿勢では岡義達先生の弟子と言っても失礼ではないと思います。それにイギリス研究と江戸研究を両方やっている。このまた文体が独特。もう少し申し上げると、升味準之輔先生が都立大でしたから、水谷という面白いやつがいるよとおっしゃったのがきっかけで、わたしが水谷先生に関心を持ったという背景があります。

丁寧に読んでいかないと分からない。あと先生はラスキ批判のために『ラスキとその仲間――「赤い三〇年代」の知識人』（中央公論社、一九九四年）を出しているんです。このラスキが辻先生です。そのころになると、みんなも、辻批判だとわかる。それで、その後、丸山真男批判も出す。『丸山真男：ある時代の肖像』（ちくま新書、二〇〇四年）です。もちろん、学問的な批判もあるし、さほど学問的ではない批判もあったと思うけど。丸山真男については時代認識批判でした。一九五六年のハンガリー動乱の件などについて、あの頃、丸山さんはほとんどピンぼけなことを言っていたという批判です。ただ、わたしが読んだ印象では、丸山真男への愛情表現の本であると思いました。ほかに江戸期〜明治以降の官僚制についての本も出していますね。

「あとがき」を楽しむ

――竹中さんのつくった本の、著者によるあとがきを読んでどういう意味なのかを考えました。初期の本には竹中さんはあんまり出てないのですが、次第に増えていきます。とくに猪口叢書くらいからは、いろいろ濃淡のあるあとがきが散見されます。それ以後は、竹中さんの存在が大きくなるから、ほぼ全員があとがきに竹中さんのことを書いている。水谷さんの本の続きですが、例えば「編集者以上の労苦をお取りいただいた」というのはどういうことですか？

水谷先生は、とてもセンシティブな方でした。『英国貴族と近代』の企画当時、升味先生とわたしはよく会っていたわけですが、水谷君が本を出すのをやめると言っていたよ、とおっしゃるのです。ええっ、なんでと思いました。著者提案の本のタイトルについて、東大出版会の企画会議で対案が出たので、それを伝えたのに対して、いたくご不満だったようです。確かに、内容を十分に理解しての対案ではなかったとは言えますが。

さっきも言いましたけど、升味先生から面白い人がいるよと言われました。論文が紀要に連載されていたので、わたしは東大総合図書館へ行って読んで、これは可能性があると思い、兄弟子でもある西尾勝先生に評価を聞きました。彼だったら、かなりしっかりしたものを書いているよという評価でしたので、こちらから声をかけたというのが経緯です。

――西尾勝さんも辻批判をしているわけだから、仲がいいのか。やっと意味が分かってきた（笑）。

ただ、西尾先生は辻先生を尊敬しているけど、水谷先生がそうかは分かりません。

――水谷さんの方が若いんですよね。だいたい「次男」の方がストレートなので。

そうか、そうか（笑）。

――西尾先生の『行政学の基礎概念』に戻りますが、このあとがきがすごいです。何かあったのですか？

本書の最初の章の「行政の概念」については最後に書かれたのですが、ほかの章がゲラになったのにそれを仕上げるのに三年ぐらいかかったからでしょう。『行政学の基礎概念』はかなりの分量があり、定価を下げるために、東大出版会の第二代理事長を務められた末延三次先生が設立された末延財団にお願いして出版助成金をもらっていたので、刊行期限があるのです。ところが原稿が仕上がらない。末延財団に、遅延のお願いを繰り返ししなければならなかったのでした。そのことはもちろん西尾先生も知っているのです。これが背景でしょう。

――「心中に憤怒の炎が燃えたといったときはあったろうに」とか「彼の熱意と執念が無かったならば」出ていないとか、こんなあとがきみたことがない。「憤怒の炎」。これは何です。竹中さん、そうとう怒っていますね。

いや、怒らなかったと思う。だから、かえって著者には効いたのかもしれない。怒りはしない。必ずできるという信頼があったから、たとえ遅れても。それは疑っているわけでも何でもなくて。

――この「憤怒の炎」に触発されて、あとがきだけチェックしてみることを思いつきました。これが面白い。

そんなあとがきの読み方があるとは知らなかった。

――竹中さんだから成り立つ批評のかたちかもしれませんね。森山茂徳さんの『近代日韓関係史研究：朝鮮植民地化と国際関係』（一九八七年）のあとがきもなかなかです。「遅筆な筆者の督励など多大のお世話になった」なんて面白い表現です。遅筆だったのですか？　東大の関係者は遅筆どころか、書かない人が多いから、竹中さんにとってはたいしたことないのではないでしょうか？

森山先生の場合は、遅筆というより、おそらく博士論文をもとに本にする際に、かなり慎重であったからだと思います。彼の本は、いわゆる韓国併合の通説に対する批判、要するにリビジョニズムですからね。どんな反批判が来るかわからない。日本の歴史学の文脈でも森山先生の本はリビジョニズムなので、慎重に文章の推敲を練ったということだと考えます。

――こんなのを読んだら井上清とかは怒るでしょう。

それはそうです。ただこれはその後、韓国でも翻訳が出ています。今だと広く受け入れられる内容ですが。当時は画期的でした。

――私は読んでいて違和感なかったです。この時期をうまく書くものだと感銘しました。私も朝鮮・韓国研究を少しですが知っています。これは本当にリビジョニストの内容ですから、これをやり過ぎると日本だけが悪いわけではなかったとか、そもそも日本は悪くないという主張に使われるから、さじ加減が難しいですね。単線的な議論をするなということでしょうが。

あとがきでいえば、すでに触れましたが、岡沢さんの『スウェーデン現代政治』に戻ります。竹中さんについて「氏の非妥協的な笑顔」というくだりがあります。これは何をされたの？

実は、この『スウェーデン現代政治』は、「現代政治学叢書」の『政党』と同時進行していました。前者については、すでに下書きがあって、先生が出したがっていたものです。後者は、すでに述べましたが、書き下ろし依頼原稿で、内容にも書き方にも注文をつけ締切も厳しくお伝えしました。要するに、わたしの記憶では、『政党』には「非妥協的な」態度、『スウェーデン現代政治』に関しては先生の自由にまかせるといった「笑顔」を使い分けていたので、その二面性を先生は表現されたのではないでしょうか。

先生は早稲田の政経出身ですが、社会科学部におられたので、そのなかでご自身の政治学を打ち立てようと奮闘なさっていたのだと思います。実際、叢書を執筆されたただ一人の早稲田出身者でもあります。

――次は百瀬宏先生の『ヨーロッパ小国の国際政治』です。この「あとがき」もすごい。これは竹中さんに対してではないけど、「シーラとカリュブディスの間の綱渡りを演じてくださった」とある。僕はギリシャ神話というのはすぐに分かったけど、いいたいことがすぐに理解できなかった。これはオデュッセイアなのですね。ある海峡をわたるときに、シーラとカリュブディスのどちらかへ接近しないと通れない、でどっちを通るか。カリュブディスは海の水をまき上げるから船が沈んで全滅する。でもシーラは船員を選んで食い殺すから、必ず死ぬけど六

〜八人の犠牲になる。で結局、シーラを選ばざるを得ない。これどういう意味なのですか？

百瀬先生らしいと言えばそうですが、私には「本書の出版に関心を寄せて実現の契機をつくってくださった」とだけあり、さきほどの表現は企画を引き継いだ別の編集者に対するものなので、この表現の背後にある経緯についてはよくわかりません。

一〇年ひと昔

——さて東大出版会編集生活も一〇年目、一一年目を迎えられました。竹中企画の最も繁忙な時期ですね。この時期、シリーズが多いです。叢書か講座かなんて議論を超えて、とにかく政治の様々なジャンルのシリーズがガンガン出てくる。

結局、「現代政治学叢書」を開始して一年後くらいから、二つの大きな傾向が顕著になります。「現代政治学叢書」の執筆者は東大以外が圧倒的に多く、東大以外の先生から、わたしにアプローチが急増したこと、同時に労働と政治学中心だったのが、近現代史や地域研究の著者たちからのアプローチがなされるようになったこと。猪口革命うんぬんはともかく、わたしにとって、そして東大出版会にとっては転換点でしたね。

――地域研究シリーズが始まります。共同研究的な。

同じく猪口先生編の「東アジアの国家と社会」全六巻があり、山内昌之先生編の「中東イスラム世界」全九巻、アジア政経学会編「講座現代アジア」全四巻が続きます。「中東イスラム世界」は、一九八九年から研究会が始まって、書き下ろしで全九巻、準備に四~五年です。ですから、出版年度のリストとは企画構想の時期の点で多少、順番が変わります。編集部一五年目の年、一九九五年から刊行されます。

この種のシリーズは苦労がそれぞれですね。これら以外に、大型科研、重点研究に通って、その成果を本にしたいという持ち込みがあります。「現代中国の構造変動」全八巻は、採択直後から、のちに早稲田大学に移る毛里和子、天児慧の両先生から相談があって、全体研究集会ではだいたい呼ばれて、泊まり込みも含めた付き合い方をしました。

――毛里先生だと名古屋大学出版会もありそうだけど、最初から竹中さんのところだったのですね。

そう。つまり、人的規模、組織が違うので、名古屋大学出版会は大型シリーズには積極的ではないです。東大出版会は、草創期から講座とかシリーズをやっており、ノウハウもある、人員も多いですから。天児先生とのご縁もあった。先生とは、わたしが委託製作部門にいたころ、非売品でアジア政経学会から出たものを担当したつきあいもありました。若林正丈先生とも委託製作部門時代からのおつきあいです。

地域研究に積極的になったのは、冷戦の終焉とソ連の解体が大きかったと思います。一九八九年の中国の天安門事件のショックも大きかったです。自分のなかの国際政治イメージが崩れました。特に「講座国際政治」の刊行前後、国際政治ものの企画をいくつも持っていました。一〇点とは言わないが、全部捨てました。著者も納得の上です。半分ぐらい原稿ができたものもありました。ただの書き直しではすまない事態ですから、国際政治関連の企画をちゃらにしたことがあります。それが地域研究の企画に向かう大きな契機でした。

——こちら宇野重昭・天児慧編『二〇世紀の中国：政治変動と国際契機』（一九九四年）はどういう位置付けですか。重点研究のシリーズとかぶりそうでかぶらない。そして画期的なのは、いわゆる政治外交史の本ではないことです。社会、国家、経済といった多様なアプローチです。マイノリティ研究もある、人類学がある。これぞ地域研究の幅の広さだと思います。政治学プロパーの方々にも新鮮だったのではないでしょうか。

これは宇野先生の教えを受けた方が執筆者となり、天児先生が編者として大奮闘して、地域研究としてのさまざまなアプローチを統合した本です。

これらの編集過程において感心したのは、「現代中国の構造変動」シリーズの代表編者の毛里先生。もう全体編集会議でも、各巻の編集会議でもすべて出席して全体のシリーズの意図を徹底してリードするのです。

——毛里さんですか、雰囲気よくわかります。やっと編者がリードする時代になったのですね。これぞ共同研究。でインドや中東などあるのですが、ソ連・東欧、いまのスラブ・ユーラシアのシリーズがないです。私が来る前ですが、スラブ研も重点研究をやって弘文堂からシリーズ「講座スラブの世界」全八巻(一九九四–九六年)を出しています。東大出版会には話がいかなかったのですかね。

旧ソ連圏については、下斗米先生のほか、塩川伸明『スターリン体制下の労働者階級:ソヴェト労働者の構成と状態一九二九–一九三三年』(一九八五年)、小松久男『革命の中央アジア…あるジャディードの肖像』（一九九六年）などを手がけていますが、わたしはすぐに旧ソ連圏でシリーズができると思わなかった。はっきり言って、混乱、変動のなかではシリーズは厳しい。単行本はできると思ったのだけれども。だから、さきほどの弘文堂のものなどわたしはまったく知らなかった。その後、二〇世紀COEプログラムの成果として講談社から出された「講座スラブ・ユーラシア学」全三巻（二〇〇八年）についても相談などなかったですね。

——今思えば、もったいないですね。東大法学部出身で、スラブ研にいた松里公孝さんとかつきあいはなかったのかな。

松里先生とはつきあいはないのです。ソ連研究では渓内謙《たにうちゆずる》先生とは深い縁がありました。出版会の理事をされておられました。渓内先生とその次の世代の方々との相克は聞いています。その渓内先生との幻の企画がありました。ソ連が解体したとき、『UP』一九九二年六月号に「プレトニヨフの選択」という四〇頁もあるエッセイを書かれました。これを含めて「ソ連政治」の本を書いてほしいと提案をしました。先生の同意を得ました。そのとき先生はなぜか八丈島に行きたいとおっしゃったので、旅行社に頼んで一緒に旅行する計画まで立てました。旅行も本も幻になりました。

旧ソ連・イスラム研究では山内昌之先生とのつきあいも深かったです。先生は一九八六年に東大出版会から「新しい世界史」のシリーズの一冊として『スルタンガリエフの夢：イスラム世界とロシア革命』を刊行されています。わたしは縁がなかったですが、山内先生とは「現代政治学叢書」を刊行している最中に、「新しい世界史」の編集担当の渡辺勲の紹介でお会いしました。それで「中東イスラム世界」のシリーズの企画につながったのです。先生が執筆者に声を掛けて、三年間で書下ろし全九巻を刊行しました。偉い人でした。東大出版会で開いた一〇回以上の研究会のために上京する民族学博物館の大塚和夫先生（『テクストのマフディズム：スーダンの「土着主義運動」とその展開』一九九五年）を町田のご自宅に泊めたり、いろいろと配慮していただきました。

『スルタンガリエフの夢』もいい本ですね。山内先生に厳しい板垣雄三先生も『スルタンガリエフの夢』はいいとおっしゃっていた。目の付け所もよく、読ませる文章力もあるし。

ただ、わたしが担当した別の著者が山内先生を『世界』で批判した九〇年代末ころから距離が生じてきたように思います。先生は力量がある方です。重厚な『中東国際関係史研究：トルコ革命とソビエト・ロシア　一九一八―一九二三』（二〇一三年）を岩波書店から出されています。この本については安倍晋三首相らを発起人とする出版記念会も開催され、パーティにはわたしも招待されました。そのときのスピーチで、安倍首相が『スルタンガリエフの夢』を若い時にきちんと読まれていて、「スルタン・ガリエフの夢をみた」とおっしゃったのはびっくりしたりしました。山内先生は東大出版会の理事も務められ、理事会旅行でも何度もご一緒しました。大変、お世話になった方です。

――うちの業界に近い話になったのでもう少しお願いします。ロシアのウクライナ戦争を受け、緊急復刊された中井和夫さんの『ウクライナ・ナショナリズム：独立のディレンマ』（一九九八年）はどういう経緯で出されたのですか。

一九九五年に蓮實重彦・山内昌之編『文明の衝突か、共存か』という本を担当して出しました。これは東大駒場の総合文化研究科の「地域文化研究専攻」主催の講演会をもとにしたものです。中井先生はウクライナのナショナリズムのことを語られていました。その本の編集過程でお会いする機会があって、先生から一冊まとめたいと、でも売れないから科研費出版助成に申請して出したいということでした。その前に御茶の水書房から『ソヴェト民族政策史：ウクライナ一九一七―一九四五』（一九八八年）を出されていて、わたしも読んでいてしっかりしたものだと思って引き受けました。『ウクライナ・ナショナリズム』は長年品切れでしたが、ロシアのウクライナ侵攻を契機に復刊されました。初版以来四半世紀を経てです。復刊は嬉しいことなのですが、事態が事態ですから複雑な思いを抱かざるを得ませんでした。

——あとがきに竹中さんは、いつも「絶妙なタイミング」で現れると。これ笑えます。

駒場にしょっちゅう行っていましたからね。研究室の前を通った時、いつも声をかけたのです。

——竹中さんって人を追い立てるときと、待つときと分けているのですか。

もちろん、人を見て、あるいはテーマを見て。

——恒川さんのは待ったでしょう。

『企業と国家』ですね。本当は待ちたくなかった。

——中井さんを待ったのは？

督促して書かせてというより、これは熟すのを待った方がいいと感じたのです。

――そういうのはどうやって見極めるんですか。

何となくですね（笑）。シリーズは全部督促です。講座もそう。だけど単独著の研究書の場合は別ですね。例えば東北大学の李鍾元先生の『東アジア冷戦と韓米日関係』（一九九六年）も熟すのを待つという感じでした。いい本だと思います。単独著はそういう熟すのを待つという本づくりが多いです。

市民派政治学

――ここで松下圭一にいきます。松下圭一をどう考えるかは結構難しい。この『政策型思考と政治』（一九九一年）ですが、政治を科学にしようとするアプローチは理解するけど工学です。工学的思考が民主主義とどう結ぶのか、わからない。図式はうまいし、市民社会が大事だとかはよく伝わりますが。

そうそう。松下圭一先生は東大出版会の草創期に東大新聞社にいた方です。東大新聞社の事務所と東大出版会の初期事務所は、今は本郷の生協書籍部がある建物で一緒でしたから、お付き合いが深かった。出版会がお昼、職員に弁当を出して余ると、金のない学生時代の松下先生が余った弁当を食わせろと言って、しょっちゅう来ていたそうです。先生は、新聞の割り付けをやっていたから、東大出版会に来て割り付けを手伝うようになった。辻清明先生の『行政学講義　上』（一九六〇年）のもとのレイアウトもご自身でやられて、小遣い稼ぎをしたりとか。最初の本『市民政治理論の形成』（一九五九年）は岩波書店ですが、一九五〇年代末から六〇年代、継続的に東大出版会から出しておられます。『シビル・ミニマムの思想』（一九七一年）はインパクトをもちました。

——シビル・ミニマムといえば松下圭一と一世を風靡しました。

先生は「俺は東大出版会出身だ」と言われるので、こちらも一緒に頑張ろうという気持ちになりますね。そういう率直な人柄にも惹かれましたね。

——ただ、自治体とか、市民レベルの政治にシビル・ミニマムはいいけど、ナショナル・ミニマム、インターナショナル・ミニマムはさえない表現だと感じます。もう一つは政治を科学にしたいと思った。私はあまり松下圭一先生に関心がないのですが、七〇年代から市民運動をやっている人たちは先生の仕事が好きです。特にそのころ政治学をやっていた人たちが。
私みたいに国家のハードなところに関心を持つ人間は、市民が主人公といわれてもピンとこないのです。自治体が大事だとかわかりますけど。ところで、鹿児島大学の平井一臣さんから、これを尋ねてほしいと頼まれました。なぜ東大出版会は高畠通敏とやらなかったのかと。確かに、高畠通敏の本はないですよね、東大出身なのに。高畠通敏こそ松下圭一とかと似ているけど、ちょっと違う、本当の政治の運動のもう一歩進んだイデオローグですよね。なぜ高畠通敏と接点がないのですか。

東大出版会は一九六〇年代から立教大の高畠先生と関係があるのです。別の人の担当でしたが、尾形典男、京極純一、高畠通敏、神島二郎共著の『政治学』という企画がありました。それで彼らの考える政治学の新たな構想を打ち出そうとしたわけです。

——仲がよかったのですか。

京極先生と高畠先生との信頼関係は厚かったです。例えば『日本の政治』のゴッドファーザーは高畠先生です。わたしも『日本人と政治』『和風と洋式』のタイトルについては高畠先生に相談に行きました。よく保守主義者と言われる京極と市民革新主義者と言われる高畠の何が共通していたのかと言う人がいますが、それまでの政治学を変えようということでは共通していたと思います。

——科学への志向とは別のアプローチですね？

脱丸山政治学です。二人とも丸山先生に学んでいるのですけど、学びながら脱丸山です。でも脱思弁政治学ではない。一九六〇年代、京極先生は駒場で一、二年生向けの政治学の授業を持っていましたし、高畠先生も立教で持っていました。北大で政治学の基礎をつくったと言われる尾形先生もバックにいらっしゃいました。

今までの政治学と違うものをやろうという気運があったのだけど、出版会の担当者が配置転換になり、企画が止まってしまった。そこで一九八四年ころにわたしがこの企画を復活させようとしたのです。

でも尾形先生は、もう完全にリタイヤされて、外の活動をされなくなっていたので、ごあいさつだけして、京極、高畠のお二人で『政治学』を書いていただきますとなった。下原稿を用意したのは京極先生で全体をリードしていた。つまり、京極先生が先行して、高畠先生が整理するという約束で進行していたのですが、京極先生が東京女子大の学長になられて、「しばらく進めることができないので、全部資料を高畠君に渡して彼に整理してもらう」となりました。だからその前後わたしはよく立教に行っていたのです。

——これも幻で終わってしまった。熟成させようとして熟成し損なったというパターンですか。どういう内容だったのですか。その組み合わせで何の新しい政治学が出るか、ちょっと聞いてみたいですが。

社会を大きく、前近代、近代、現代との三つに分けた三部構成でした。それぞれの特質、条件、政治秩序を明らかにして、その入力と出力、展望を論ずるという内容でした。「政治そのもの」をどう理解するかということが焦点でした。政治学の新しい段階を築こうとするものだったと受け止めていますが、原稿はいただくことができず、それ以上は分かりません。

背景として推測できるのは、京極先生は丸山真男の「超国家主義の論理と心理」(『世界』一九四六年五月号)を読んで震撼されたと語られていましたように、丸山政治学を越えようとしつつも、批判を意識的に一切やっていないと思います。対照的に、高畠先生の丸山批判は、没後に編集された『高畠通敏集』全五巻（岩波書店、二〇〇九年）に入っている。これは自分の身内やゼミ出身者にだけに送った文章で第五巻『政治学のフィールド・ワーク』に収録されています。

一番はやっぱり丸山先生にある東大第一主義への批判ではないでしょうか。立教大学から東大法学部に人を引き抜きする説得の論理がよくないと高畠先生は書いています。

――でも高畠さんが市民派になったのが、そんな権威主義的なものに対する反発からだけだとすると底が浅いような気がするな。

一方で高畠、京極先生も計量政治学をやっていましたから。つまり、これで丸山先生とは違う政治学をつくるのだというものでしょう。それが思弁政治学を否定しない形で、あたらしい政治学というものに、どのように反映されようとしたのかまではちょっとわかりません。

もう一つできなかった企画で言うと、高畠先生を中心とする論文集がありました。栗原彬先生も入った論集でしたが、結局、皆さんの原稿がでなかった。栗原先生も立教です。先生は京極門下ですから、高畠先生とも関係がよかったと思う。推測ですが。

――話が変わりますが、研究者がいろいろな本を書いて、変わっていくパターンに興味があります。いわゆる政治に近づいていて、権力とともにあるタイプの方もいれば、最後まで自分勝手にやるタイプ、やがて大学行政に燃えるタイプとか。さきほどの高畠先生の話を聞いていると、市民とか何とか言っても、しょせん反東大主義かみたいな、しかも東大出身の方がそれを言っているというのは複雑です。

高畠先生は鶴見俊輔が中心を担った「思想の科学」研究会編集の『共同研究 転向』に論文を寄せています。彼は助手のときに書いていて、これはすごいと思います。同時にアメリカ政治学の研究もされていて、堀豊彦先生の門下として東大法学部に助手として採用されたわけです。ただ堀先生からは指導も受けなかったが、就職の世話はきちっとしてくれたのには感謝していると語られていました。先生は六〇安保闘争時にできた市民グループ「声なき声の会」、べ平連系の運動団体にも関わられ、実は学生時代のわたしは一九七〇年に先生とお会いしているのです。筋金入りの「市民派」であるとわたしは見ています。

『太平洋戦争の起源』

――最後に入江昭先生の『太平洋戦争の起源』（篠原初枝訳）（一九九一年）。この本はやはり素晴らしいですね。

一九四一年の真珠湾から五〇年。この年にあわせてしっかりしたいい本を出したいと思いました。入江先生のコンパクトな英文の本（*Origins of the Second World War in Asia and Pacific*, Longman, 1987）があるのは知っていましたので、それをベースにすれば刊行できると考えたのです。ハードカバーではなくソフトカバーにしたのは、大量に普及すると思ったからです。トータルの刷部数は一万一五〇〇部。

――この本ほど、ワシントン体制を説明した本はそうないです。政治史や外交史で言う選択肢とか不可逆点の論点が全部入っている。

秘話をお話しします。この本のゲラをわたしが広げていたときに、同時並行的に秦郁彦先生の仕事（『日本陸海軍総合事典』一九九一年）もやっていました。そうすると先生が編集部の部屋に入ってくるわけです。わたしが不在の時に、いつのまにかこの入江先生のゲラに鉛筆でチェックをしているわけです。

——だから秦郁彦への謝辞があるのですか。最初、謝辞の意味がわからなかった。だって、入江さんが秦郁彦と友達だとは思えないから。

そう、友達じゃない。秦先生は、軍の組織名とかの訳がおかしいとおっしゃる。同じ英語でも、日本語に訳すときに海軍と陸軍で違うから別の言葉で訳さなきゃならないとか。英語で日本の軍隊の階級をどういうのかわたしはわからないですからね。

——それで秦先生に読んでもらったわけですか。プロフェッショナルとかって謝辞になるのか、面白いな。

偶然で、それも秦先生の方からボランティアで協力するよと言われました。いろいろな軍の組織名を二〇近く指摘されました。感謝です。

——これは大きいですね。そのおかげで、日本政治で軍事史をやっている連中もこの本をきちんと読みますよね。訳があってないと、トウシロがとなってそれだけで読まれなくなるから。本の内容の信頼度があがります。いや、本当に竹中さんの作った本の中でも五本指に入るのではないですか。

いずれにせよ、この第三幕からの大活躍こそ、今日の竹中さんの姿と重なっていくわけですね。それではここからは視点を変えて、出版の方により力点を置いて話を聞いていきたいと思います。

第六章　ひとり出版人の思想〜国際書院・石井彰との邂逅

最初の出会い

――お二人の出会いから教えてください。

竹中　石井彰さんという人がいることを知ったのは一九八〇年前後の有信堂高文社争議の際です。有信堂は東大正門前にあり、有信堂労組も東大出版会労組も出版労連の文京地域協議会に入っていて、わたしは東大出版会労組の一員として、その争議の支援に積極的に取り組みました。地域へのビラまきもしましたし、有信堂での泊まり込み支援もしました。ただしその時は有信堂労組委員長の石井さんとは特につきあいは生じなかったと思います。

争議が一段落してしばらくしたあるとき、石井さんと本郷で会う機会がありました。石井さんは建て直された有信堂高文社の社長に就いたのですが、その社長を辞めて、出版社国際書院を立ち上げたということでした。わたしも知っていた武者小路公秀先生の協力も得ているという話しでした。

その際に、東大出版会からわたしが共同で編集担当をした、成蹊大学アジア太平洋研究センターのプロジェクトをベースにした川口浩・渡辺昭夫編『太平洋国家オーストラリア』（一九八八年）を石井さんはわたしにみせて、僕はこの本をモデルにして本づくりをやっているとおっしゃった。わたしが企画を立てたものですが、わたしは「現代政治学叢書」や「講座国際政治」に時間を取られ、この本の編集に十分な時間をかけられなかったものでしたので、モデルにされていることにどきっとしたのです。そして、これは、石井さんを支援しないといけないと思った。石井さんが、一九八九年に国際書院を新橋で立ち上げられて、三年後に本郷三丁目に移られてからのことです。

石井彰氏（国際書院にて）

石井　俺は全然記憶にないな。竹中英俊さんが出版会に入ったのが、一九七四年一〇月だって。俺はそのとき有信堂で、春闘、夏闘、年末闘争と賃金あげろという会社の前の集会で忙しかった。一九六七年に入ったのだけど、いきなり労働組合の委員長をさせられた。社長から、日大出身だから右翼だろう、俺は「アカ」が嫌いだからとか言ったけど、石井さんが委員長だったら組合をつくってもいいとみんなが言っているといわれてね。しょうがないと。当時の出版労協、今の出版労連だけど、争議の際は東大出版会の労働組合も有信堂の支援に来てくれていた。そのなかに竹中さんがいたのだってね。泊まり込みで。ただその頃は竹中さんを認識していなかった。

竹中　わたしは知っていましたけど。石井さんは、出版労連でもその傘下の文京地域協議会でも有名な人だったから。

石井　でも俺は営業だったし、お互い最初は編集者じゃないから。竹中さんも委託製作部だったかな。俺は最初は知り合いのところに新橋に間借りさせてもらったけど、創業したのに、知り合いからお前に経営者は無理だと言われるの。でも出版の仕事をしたかった。だけど編集を俺は知らない。それで本郷に移ってから竹中さんに習いにいった。場所も近いからね。割り付けの仕方とか全部教えてもらった。アートコーヒーという喫茶店が東大出版会館にあってコーヒーを飲みながらいろいろな話をした。

——ふたりであいびきのコーヒーですか。想像できませんね。互いに個性が豊かすぎて、二人ともこわもてで気性も激しいから、あまり交わるように見えない。この二人が友人だなんて竹中さんから聞くまで思いもしなかった。

竹中　外から見ればそう。

石井　他人から見たらそうでしょうね（笑）。でも僕は竹中さんを尊敬しています。何となく親しみも感じている。俺みたいな男を相手にしてくれるような人ではないはずだけど、相手をしてくれるのです。うれしかったね。

——竹中さんに編集の技術を学びにいこうと思った理由は何ですか？

石井　他にいなかったから。編集なんて、有信堂のときもそうだけど、人は簡単に教えてくれないものです。昔風に言えば、職人だから。職人は人に教えない。自分で見て覚えろと。

——竹中さんは誰かに習ったの、いや盗んだのですか。

竹中　オン・ザ・ジョブ・トレーニングですが、幸い印刷所の人と親しくしていました。日本エディタースクール出版部から出ている『校正概論』などを書いている印刷所の営業マンがいました。この人にかわいがられました。当時は出張校正というのがしょっちゅうありました。印刷所に出張校正へ行くと、必ず夕方は一杯飲もうと言ってくれて。そこで本づくりの世界の面白さを教えられた。二〇代半ばから後半にかけて、四～五年みっちりと。やはり当時は印刷所が中心です。委託製作部に所属していた時代でしたが、この時代の本づくりの経験があったから、編集部門に異動してもどんな原稿が来ても怖くない。

石井　俺は確かエディタースクールから出ている編集の本を竹中さんからもらった。一応、目を通したけど、一回で頭に入らないから二～三回読んだな。でも、この通りにやったら本は作れないなと思ったので、荒っぽく俺流に解釈して勝手に始めたのね。でも確かしょっちゅう竹中さんのところに通って、いろいろ教えてもらった。俺は結局、編集についていろいろ聞きたかったの。テクニックだけでなく考え方の問題とか。

――石井さんが、初期に手掛けられていた国際連合を中心とした企画、具体的には横田洋三編

『国際機構論』（一九九二年）やモーリス・ベルトラン『国連の可能性と限界』（一九九五年）などは竹中さんの手ほどきの成果だったのですね。私も若い頃、国際法をやっていたので熱心に読んでいました。

石井　そうそう。その後、しばらくして竹中さんの方から連絡がきた。こういう企画があるけど、補助金もつくから、国際書院から出せないかと相談があった。

『二一世紀の日本、アジア、世界』

竹中　一九九六年の国際政治学会の幕張国際会議のプロシーディングスです。親しくお付き合いさせていただいた東大法学部の鴨武彦先生が学会理事長で大会の責任者でしたが、終了後に急逝された。プロシーディングスの執筆者は内外の豪華メンバーで、編集を中心的に担ったのが東京大学の平野健一郎先生です。平野先生とは『国際文化論』（二〇〇〇年）を作ろうとしていました。このプロシーディングスについては、わたしは最初、東大出版会で出せると思った。補助金もかなりつくということで企画を提案したら、社内で「分厚い」「編集が十分になされていない」と差し戻されました。かなりいい論文も含まれていたのですが、社内での指摘もあたっていないことはない。差し戻されてどうしようかと悩みました。この出版は鴨先生の遺言であるという思いもありました。そこで全原稿を読み直して再編集して、再提案しようとも思いましたが、当時、柄にもなく自然科学部門の編集部長も兼ねることになって四苦八苦していた時でもあり、その時間的余裕はない。そこで、国際分野を核としている国際書院に持ち込んだのです。部数を欲張らなければ売れるだろうから、また補助金も十分つくから、と。

石井さんのところにしたのは、国際政治学会の有力者であった有賀貞先生とか宇野重昭先生など石井さんをよく知っている方がこの企画の編集に関わっていたことが一番です。そして岩波書店などにわたしが持ち込むことは不可能です。東大出版会で出せないものを岩波書店で出せるか、となります。

石井　当然、あるな。

竹中　石井さんが一番相談しやすかった。国際書院でのタイトルは『二一世紀の日本、アジア、世界』(日本国際政治学会編、一九九八年)。それですぐに売れましてね。補助金があったから石井さんは定価は思いっきり安くされた。税抜きで四八〇〇円。売り切れても、かなりの重版部数にしないと増刷できない。分厚い、八一三頁でしょう。もう増刷ができなくなった(笑)。重版も見通して定価を決めるべきとだいぶ説教をしたけど、後の祭り。

石井　そうそう。よく覚えてるな。二〇〇〇部ぐらい売れたな。でも最初、翻訳された原稿を見てびっくりした。俺は丁寧に読むからね。編者の平野健一郎さんもなかなかの人でね。

——ジェントルマンでしょう？

竹中　紳士そのものです。

石井　でも真摯な研究者だから、真っ向勝負。すごい人だと思ったよ。もちろん、後にはうちとけました。でも最初は火花が散りました。原稿にざっと目を通す、あの八〇〇ページの原稿を。俺は一応、整理をして、全部、編分けする。全部で二〇本ぐらいあったけど、うち何本かに問題がありました。中身と翻訳がね。俺はこの話をしたわけ。すると「石井さん、言いますね」って（笑）。

そのころは俺ももう一〇年選手だから、ひとつひとつ指摘していった。例えば「これは翻訳が間違っています。もう一つは翻訳の間違いに加えて意味がわからないでしょう」と。「これは原文が間違っているから、こういう訳をしている。訳者は自分が分かったつもりで訳すからこうなる。前者が赤、こっちが青でポストイット付けてるから、もう一度点検お願いします」と言いました。先生はあまり良い顔をされなかった。だから、こう付け加えました。「とにかくやってみてください」。「私は本を出します。私は竹中さんの弟子だから、師匠に言われたら出します。ただ出す以上はきちんとしたものにしないと竹中さんにも世間にも日米の国際政治学会集会の方たちにも申し訳ないから、お願いします」と頭を下げた。

それから一カ月だよ。電話があってやりとりをした。俺は「執筆者に直接、連絡をしてください」と念を押した。そうしたら、執筆者は「私が説明不足でした」と言った。

竹中 なるほど、そうでしたか。

石井 それから平野先生と絶大な信頼関係が生れた（笑）。「石井さんはどこの大学ですか」と聞かれたから、「日大法学部です」と答えると、驚かれていましたが。

竹中 翻訳の場合はわたしも同じような経験がある。原文に当たって訳者本人に確認しろとも言う。だけど、相手に失礼じゃないように言う（笑）。

石井　竹中さんは紳士だから。でも今の編集者はそういうことをやる人が少ない。だって原稿を読まないし、読めない。

――読まない編集者なんかいるのですか。

竹中　著者とぶつかりたくないというのがあります。注文をつけて著者とぶつかるのに慣れていないから。また世の中全体にそういう傾向もあります。対面とか一対一の関係では、ぶつからないようにしようという傾向が強まっているように思う。

――対面ではやらずに、編集者たちも、ぐちゃぐちゃと奥で先生方の悪口を言い合うというのが多い。

石井　日本人の場合はね。ヨーロッパの場合は違うな。編集者の方が著者より偉いから。編集者の方が威張っています。

――日本はなぜそうではないのですか。

竹中　それは歴史的な背景の違いではないでしょうか。例えば、創業してしばらくの間の岩波書店の記録を読むと、企画は社主とかトップクラスが立てて、筆者のところに通うのは「小僧」と呼ばれる人でしたから。著者からいただいた原稿をそのまま組んで出版するのが多いように思います。つまり、企画を考え執筆者の人選をするトップは優れているけど、具体的に原稿を取りに、そして印税を払いに行くのは、小僧の使い。編集者という名でよばれていたかどうかはわかりませんが。

当時は、トップクラスを除いて編集者が評価をされることは少なかったように思います。むしろ印刷所の文選工の方が給料も高かったケースもあります。手書き原稿を読み活字を拾い組むのが大変だから。

石井　植字工《ちょくじ》という言い方をしましたね。

竹中　手書きの専門的な原稿でも読めるのだから。戦前の労働争議は出版社よりは印刷所が多い。彼らが戦闘的だったのは、社会的文化的なプライドをもっている人たちだからでしょう。

――欧米だとタイプライターがあるから著者は自分で打つじゃないですか。その違いだとすると、中国もそうですか。

石井　そう。

竹中　そうですね。東アジアはそうだと思う。

「ひとり出版人の思想」

竹中　ところで平野先生の件ですが、わたしが国際書院を推薦したとき、平野先生に率直に申し上げたのは、「石井さんは出版の原点にいる存在です」と。つまり、出版の原点とは、企画を立て、本づくりをして、世に出していく、このサイクルをずっと一人で担っていると。例えば、東大出版会も分業体制が進んでいる。分業は効率性という面で必要だけど、分業をやることで出版について失われるものもあります。その点、石井さんは出版の原点を貫いている人だから国際書院を推薦しますとお伝えした。

石井　そうだったの。

竹中　分業の難しさは、企画を立てて自分はこれだと思っても、それは東大出版会に合わないとかほかの出版社に持っていけと言われるから、一人で貫き通すということができず、妥協しなければいけないところがある。その妥協がたまに嫌になります。頭では分かっていても。その点、石井さんを見ると羨ましい。お金の問題が大変だというのは脇においてですが。

石井　それが有信堂を俺が辞めた理由ですよ。つぶれた会社を再建し、曲折を経て社長になったのだけど、その社長を辞めて、新しい会社を自分でつくったのは。ここでは詳しくは言わないけど、かいつまめば、営業も含めてみんなで企画会議をやるわけだ。俺は社長だからこの企画でいくという。そうすると社長、これ何部売れると思いますか、教科書として何部ぐらい売れる予想をしてこれを提案されたのかと言われる。何のために俺が有信堂を再建したのかと自問しますよ。それは世に立派な本を出して、いい世の中をつくるためですよ。出版社と著者がもうけるための大学の教科書を出すためではない。金もうけのために先生たちに嫌々書いていただくのではない。こういうやりとりが会社にいる間、五年続きました。でも結局、自分の夢をやはり描きたかった。

――要するに、社長より編集者の方をしたいわけですね。

石井　というより、こういう本を世に出したいだけ。編集者とか何とかではない。世の中が少しでもよくなるために学問はあると俺は思っていて、それを出すのに出版社があるという考え。

――要するに一人でやって、人に気を使わず俺が思ったようにやりたいと。編集者も自分でやると。でも竹中さんは必ずしも一人で完結しないタイプですよね。竹中流は、いい本を出すという点では同じでも、石井さんとはアプローチが違うのでしょうか。

竹中　というよりは、今の石井さんの話は、「ひとり出版人の思想」だと思います。ただこれは三人でも五人でもやれます。とはいえ、基本は「ひとり出版人の思想」です。そのうえでチームになります。実際、同じ原稿を扱っても、担当する編集者によって仕上がりに違いができます。

石井　違ってくる。そうだよな。

竹中　同じ原稿でも、そして編集者がそれほど手直しをしなくても違ってくる。刊行された本を読むと、担当編集者の匂いというか、思いというか、そういうものを嗅ぎ分けることができるのです。

石井　そうだよ。

竹中　担当編集者の何かが本のなかに出るのです。だから、東大出版会のような妥協のなかの編集企画でも、「ひとり出版人の思想」を自分の核にしなければならない。核があるから妥協できる。だから、ここはこっちが引こう。でも、これは絶対に押し通す……。東大出版会と国際書院を対立的にとらえる必要はないと思います。

「公正と正義」

――ところで本づくりの出発点ですが、まず石井さんは旧来の帝大を軸とした出版が手がけてきたアカデミズムとは違うなにかがあるという気がします。法や規範が好きですよね。一言でいえば、公正と正義。

石井　考え方として階級社会が諸悪の根元にあると思っている。権威主義も嫌いだな。俺はキリスト教にあまり関心はないけど、言われてみれば、確かに横田洋三とか宇野重昭といった重鎮でクリスチャンとのつきあいは多いね。ただ『地球共同体の国際法』『転換期の市民社会と法』『人類の道しるべとしての国際法』など、こういうのが好きです。『グローバル・コモンズ』も。でも自分ではあまり意識していなかったな。

竹中　石井さんの傾向にはそのような特徴があるとわたしも思う。わたしの方は出版に当たってその時々の先端的な研究を社会との関連でいかに書籍化するかを考えてきました。テーマをあらかじめ絞るのではなくて、今の学問の世界を引っ張るものは何なのかと。そしてそれが社会とどのようなレリバンスを持てるかと。とくにわたしの初期は、政治学あるいは社会科学の分野でそうしようとしました。公正とか正義も人類史において一義的なものではあり得ない。しかし出版企画が何か先端的なものを体現していて、社会的意義を見出せたらやろうと思う。

石井　そこは俺と決定的に違うね。

竹中　例えば、日本占領期研究で、米国から資料が公開されてどんどん研究が進むから、これを企画立案の中心に据える。アジアが焦点になればこれを、そしてイスラーム地域。大仰に言えば、人類史において、そして日本の歴史において、出版人が取り組むべき今の課題は何か。一九九〇年代はこれでしたね。社会との連関で先端的な学問を世に出し、それを社会にどう還元していくか。社会の関心のもと、学問の先端を見つめ、どのように書籍化するか。これが私の問題意識です。ただ六〇歳も過ぎて年を取ってくると、何が先端かが分からなくなってきます（笑）。次世代に委ねることになる。

石井　国際書院のロゴを見たら、アリストテレスとプラトンです。本当はソクラテスにしたかったけど像がない。公正と正義がテーマです。やはり。

――でしょう。

石井　そのテーマに沿って仕事をしています。それから外れるものは排除をしています。例えば、元高級官僚が大学の先生になって、うちに自分の本を出してくれと言ってくる。ただ勉強していない人に限って教授になりたがるし、名誉欲がほしくてやってくる。これはお返ししますと言うと、何だ、僕は某大法学部だぞとか言ってくる。それならなおさら、国際書院は、いつ、つぶれるからわからない出版社だから、うちで出さない方がいいですと断る（笑）。

――うまい断り方をしますね。

石井　傷つけないでね、かつ事実だから。これはろくな原稿じゃないから、だめだと言うのは、さすがにまずい、いくらなんでも。

竹中　それはまずい、確かに。

石井　国際書院の社長なんて、ろくなものじゃないと、態度も横柄で、言葉遣いも悪いからとすぐに広まる。

――それはしょうがないです。事実だから。

石井　これはしょうがない（笑）。そこは認めるとしても、こういう評判が立ったらこれはまずいわけ。うちは本当にいつつぶれるか分からないのだから、正直に言えます。本当だから。

これでだいたい乗り切ります。だけど、俺は竹中さんと反対なのは、公正と正義を目指すということは、現象的に流行を追わないようになる。時代を追いかけない意味を考える。

――山下達郎みたいなことを言いますね。

竹中　わたしも流行を追ったことは一度もありません。むしろ読者に先駆ける存在でありたい。わたしは、読者の〇・五歩先を歩くというスローガンを掲げました。一歩先に出ると、読者に完全に無視される恐れがあるから、〇・五歩です。

――竹中さんはアバンギャルドなのですね。石井さんは「後衛の位置から」かな。

石井　でも結果として竹中さんと同じようになることもある。SDGsの本とかも出しています。李暁東『現代中国の省察：「百姓《ひゃくせい》」社会の視点から』（二〇一八年）とか林裕明『ロシア社会の体制転換：階層構造の変化に着目して』（二〇二一年）とかも、先端でしょう。今はロシアや中国がそうです。中国共産党なんて、たった七人で、一三億人の政治、経済、社会生活を決めている。それをやっているのが、習近平。怒りを感じますね。

日本だって、何人かで決めている。自民党の絶対得票率は一七％ぐらいでしょう、岸田政権にも怒りを感じます。ロシアはもっとひどい。これは言うまでもない。

欧州だってストライキやって怒りを表現します。食えないときはみなそうでしょう。そういうときこそ、俺は基礎研究、学問の基礎をやらなければいけないと思う。

――だんだん石井イズムがはっきりしてきた。竹中さんは、そういうことを言わないから。

竹中　そうですね。若い時にべ平連や学生運動、新左翼系の周辺にいて、完全敗北したという自意識があるのです。今でもこれから立ち直れていない。したがって、編集者としては、世界認識については別ですが、具体的な政治課題に関わることについては自らに禁欲を課していうす。したがって、そういうことは出版人としては言わないのです。

――石井さんが追い求めている世界があり、その琴線に触れる研究者を世に出したい。

竹中　そうですね。

石井　そうです。

――そういう意味では竹中さんがやりたいことはまだよくわからない。先端って言ってもつかみどころがない。

石井　俺のはシンプルだから、すごく。

――竹中さんは何を考えているのですか。

竹中　ちょっと待って、何て答えたらいいのか、石井さんと共通する理念をもって出版に取り組んでいることを理解してもらうためにどう言ったらいいか、いま考えている（笑）。

――では石井さんにもう一度、ここは譲れるけど、これは譲れないものを具体的に教えてください。

譲れないもの

石井　簡単ですよ。例えば、天皇制を賛成したり、戦争を賛成したり、人殺しを賛成したり、そういうのもだめ。アジア・太平洋戦争を賛美するのもだめ。それ以外はオールマイティ。フリーダムです。

竹中　わたしはその中で一つだけ。人を殺すことを肯定するものは本にしない。ただ、人を殺すことが社会的に、あるいは歴史的にどんな意味を持つかということの本は作ります。わたしは、天皇制に反対でも賛成でも、太平洋戦争を肯定しようが肯定しまいが、そこにおける一定の第三者が見ても論理的に追い掛けることができるものが展開されていれば、そのテーマの本の存在を否定しない。もちろん、積極的にやるかどうかは別問題です。

石井　なるほど。もう俺とはまったく正反対だ。

竹中　人類の未来を切り開くための学術出版を共通に担っているのですから、正反対ということはあり得ないです。

――差別はどうですか。

石井　差別はよくないです。だから正義と公正なのです。

竹中　わたしは差別というのはなぜ社会において起きるか、差別というのはなぜ消えないかということを考える。そして差別を肯定する思想というのは、なぜ生ずるか。その差別の思想と構造を明らかにするものは出します。これを明らかにすることなく差別を解消するのは不可能だと考えるからです。

――竹中さんはメタレベルの分析ができていればいいわけですな。

竹中　そうとも言えるかもしれません。ただし、そこにはベクトルが必ずあります。そのベクトルを見ないと、何のために出版に携わっているかの根底が不透明になるでしょう。

石井　俺の場合は簡単でね、階級社会がある限り差別とか偏見とか、これはなくならない。だから階級社会がない方がいい。これは理屈じゃないな。だって人殺しはいいか悪いかは理屈じゃないでしょう。死刑だってだめ。人を殺したから殺していいというのは論理じゃないと俺は思う。

竹中 わたしは違います。一橋大学の山内進先生というヨーロッパ法制史の研究者の『掠奪の法観念史：中・近世ヨーロッパの人・戦争・法』（一九九三年）という本を担当しましたが、それは、掠奪や戦争殺人を正当化する法観念の歴史的変遷を追いかけ、掠奪の非合法化に至る近代世界の成立を描いたものです。このように、例えば死刑であれば、死刑制度が時代や地域にさまざまにあって、そこがなぜ死刑を肯定するのか、その構造と思想を明らかにするということについてなら出したい。それを明らかにすることによって初めて人類史の課題を解く手掛かりが得られると考えるからです。

石井 なるほど（笑）。

――竹中さん、小林秀雄みたい。全部、料理してみせるけど自分の意見を言わない。

石井 そうそう（笑）。よく言った（笑）。

竹中　小林秀雄だから褒められるのかと思ったら、けなされているんだな（笑）。だけど、全部料理するという志向性にわたしの強い主張があると思っています。志向性、主張がなくて出版などできませんから。

石井　小林で思いついたけど、丸山真男の信奉者がいっぱいいて、今でも俺は最後の丸山だなんて言っている人もいるけど。丸山真男を論破しない限り、日本はよくならないと思う。なんであんなに信奉されるのか。たぶん、あなたも信奉しているでしょうが。

竹中　誤解ですね。石井さんとは福沢諭吉や丸山真男についていつもぶつかりますね。岩下先生からのインタビューのパートで明らかですが、信奉などしていません。しかし、戦後の日本の社会科学史ひいては学問史を考える時に、丸山真男を外しては成り立ちません。肯定であれ否定であれ、どれだけみんなが丸山との関わりがあったかは否定できません。丸山の正負を含めてものごとを考えるのは必要なことです。

石井　だからそこが間違いだと。俺の頭の中にそういうのがある。民主主義とは何なのかという点で、丸山を皮切りに戦後のインテリは信奉していて、今でもそれを引きずっている。民主主義ってどこにあるのか、現時点で日本の民主主義とは何かと考えると、俺はソクラテスまでいくわけです。ソクラテスの時代から二五〇〇年たっているけど、どれだけ人間は進歩しているのかと俺は考える。思想的に。文明と文化の違いって何かと。大家の先生方にこれをぶつけてみたけど、きちんと答えた人はいなかったな。

――アナキストですね。

石井　こういうことを言える人が必要です。これを言い切れる人。

竹中　石井さんはアナキスト的なコミュニストでしょう。その一貫した姿勢には敬意を抱いています。ただ「信奉」という観点で批判対象を捉えるのは視野を狭める恐れはないかと思うところがあります。

――竹中さんはどう原稿を断るのでしょうか？

竹中　持ち込まれた企画を断る際には三つぐらいパターンがあります。一つはこれ売れませんという。二つめは目録をみせてうちではやっていないので、他の出版社で出した方が先生のためになると示唆する。ちょっと趣味的なものとか、好事家ものなどは断ります。三つ目は内容的に弱いから、このまま査読に回したら落ちるという。ただこれは断るというよりは、推敲の要求ですね。書き直してほしいということです。でもほとんどの人はそれで断られたと思いますね。

だからニュアンスを使い分けます。同じ言い方でも、あなたには期待していると言うのです。口頭で伝えると本気かどうか、向こうもわかりますから。でも断る時の理由は「売れません」というのが一番多いですね、一番相手を傷つけない。

石井　ただうれしいのは、一度、断ったのちに熟成してもってくる。五年後、一〇年後に来る人もいます。

竹中　それをやって見事に変わって優れたものになってくるのがあります。

石井　あるのです。これは楽しい。

竹中　うれしいですよ。二〇本のうち一本か二本あればいい方だろうけれども。いずれにせよ、わたしたち編集者は学者じゃないから、原稿に即して率直にものを言うとしても、先生方はつきあいやすいのではないかな。学者同士はいろいろあるから。

石井　そう。関係ないからね。研究者同士では本音を言わないからね。ところが編集者は、竹中さんみたいに、はっきり言うためには一定の能力を持っていないとだめなのですよ。俺はダメだけど。竹中さんは本当に能力があるの。

――知っています。でも石井さんもありますよ。

出版人として生きる

石井　でも、編集者という言い方があるけど、出版人という言い方が正確です。出版人。営業も編集担当も、編者とかも含めてすべて出版人です。そして研究者は研究者としての矜持や誇りがあります。誇りがある人と、ない人がいます。これは原稿で分かります。

原稿を読んでいてみんな違う、俺とここから意見がみんなと分かれるというのがきちんとある。原稿もドラマです。博士論文もそう。文学と一緒にしてはいけないけど通じるものはある。読んでいくとドラマチックなものと、そうではないものがある。世阿弥は序破急と言うでしょう、序、破、急で起承転結、これがある人とない人ね。

――転って難しいでしょう。僕らは転、起承転結の「転」を入れると学術論文じゃないというトレーニングを受けるから。

石井　そういうトレーニングはだめです。そういう教育をみんなされているから。だからドラマにならない。ドラマのない論文はだめです。

――情熱とドラマについて竹中さんの意見を聞きたい。

石井　だいたい俺のこの意見は多くの研究者、編集者から否定されている。

竹中　石井さんの言う、原稿にあらわれるというのはその通りです。一方で、著者と接して伝わってくるものある。原稿でも、お会いしたときの姿勢でも伝わってくる。わたしは原稿を純粋に真空状態で読むわけではなく、著者と接触したことで感じとるものがある。もしくは接触する前に読んでいることも多いけど、その印象の中で著者に対する期待度が出てくる。

石井　それはあるね。

竹中　著者に会って、そこで、相手から原稿に対する情熱、出版に対する情熱が伝わるときと伝わらないときがあります。ただ、わたしは情熱だけではなくて、やはりこれが学問世界にどんな意味を持つのか、何を加えるのか、あるいは何を変えるのかを問いかけます。そして学問を変えるだけではなく、願わくば社会をよくする、社会を変えるということも期待します。読者もいろいろな読み方をするから、こちらが期待したようには必ずしも読んでくれません。しかし、この原稿を本にして世に出すと決めるとき、社会をよくする、変える、もしくは学問知を一歩でも進めることを目指します。すると、その本に対しての、その本を出版することに対しての情熱がわいてきます。編集者と筆者の情熱が交錯し、二乗か三乗になっていく。その結果、社会にインパクトを与えた本は比較的に売れます。でも売れない本でもいい本がたくさんあるから、このことも言っておかなければいけない。これは出版に関わる、みなが共有する思いではないですか。

——でも一言、書き手の立場から言うと、出版社の中で付き合うのはまず編集者です。だからこそ、気になるのですが、この関係性はそれほどうまくいきますか？　いま本人と会ってといわれたけど、一般の読者は書き手と会うわけではないですから。書いたものとだけしか会わないでしょう？　編集者にしても、書き手と絶対会うわけでもない、複数の手による論文集とかは特に。

石井／竹中　それはそう。

——編集者と書き手が一緒に酒を飲んで自由で楽しいという反面、本づくりを一緒にする場合、緊張関係が常に漂います。いいものを出すという前提で、かつ方向性が一致していれば、情熱が絡まるのでしょう。でもそうならないケースも結構あるでしょう。

石井／竹中　多々ありますね。

——むしろ、そういう場合が多いのではないですか。

竹中　学術出版、あるいは大学出版ということに関わった関連で言います。東大出版会に入ってから、今日で四八年と四日です。考えますよ。本も売れない、給料も決してよくはない。石井さんよりはよかったかもしれないけれど、世間を見たら、もしくは同級生で一般企業に勤めた人より給料は安い。場合によっては、著者から人格を罵倒されるようなときもある（笑）。

石井　あるよね。

――尊敬してもらえないでしょう、編集者って。

竹中　そうです。

石井　されません。

「知の公共世界」

竹中　なぜ四八年もこれを続けてこられたのだろうなと内省します。抽象的な言葉だけど、

「知の公共世界」あるいは「知の共同体」があるはずだと自分の中で信じられたから続いたのではないかと思います。学会とか大学の研究機関の知的共同体とは重なるけれど、それだけではない。出版人としてはそれとは位相を異にしたものとして「知の公共世界」があると思います。ベースは無名の人びとです。出版は、パブリケーション、あるいは動態的なパブリッシングです。無名の人びとをベースとしたパブリックなものが触媒なり媒介となって「知の公共世界」が立ち上がる——そのことをかろうじて信じることができたと思うのです。

石井　よく分かる。なるほど。

竹中　そんなものはないと言われることもあり得るでしょう。でも、「知の公共世界」が常に立ち上がることによって、著者との間のコンフリクトも一つのプロセスである、「知の公共世界」を豊かにする、と感得することが、出版を担っていく中で不可欠のものだと思います。出版をめぐるさまざまな条件が一層厳しくなるなかで、そのように考えることによって、今日まで生き延びてきて、今も大学出版、学術出版に携わってきているのだと思います。

石井　だいたい竹中さんは、自己評価が正確です。そういう生き方をされています。賛成だし、その通りだ。俺もそういう道を歩んでいればいいなと思います。そのうえで出版人という言い方にこだわるのは、著者と編集者と読者の輪の中で、例えば、本屋さん、書店、取次のトーハン、日販など、問屋さんがいます。印刷屋さん、紙屋さん、デザインする人、そういう方々がいてこれは成立するわけ。俺の場合だったら、倉庫が別の場所にあって業者さんが出荷や返品など全部やってくれる。でみんなに共通するのは本が好きだということ。みな出版人ですよ。地方の本屋さんだって、俺の本が一冊売れたって喜ぶのだよ。普段なかなか出ないような原稿をみつけて、売れなくても本にする、これが俺の出版人としての矜持ですから。この仕事を世に残しておかなければいけないと考えるのが出版人。

竹中　「ひとり出版人の思想」の原点です。

石井　原稿を読んでいても、いい原稿というのは、緻密な論理立てがきちっとできている。起承転結もドラマ性もばっちり。なぜかというと情熱があると同時に、それを書きたいがために研究を続けるの。みんながやらないような研究を続けるの。今は便利だから、ネットがあるからいくらでも調べられるでしょう。買いたい本だったら外国の本だってすぐ買える、今は。その気になればいくらだって勉強できる。でも本当にそれをやる人がいないんですよ。ただ、教授になりたい、教授になりたいそればかりで。これはしょうがない、政府が悪い。とにかく教育軽視の時代だからね。大学なんて国立大学法人になってから、ろくなものではない。基礎研究をやっている人については、理系はまだしも、人文・社会なんてほとんど金も出ないでしょう、科研費なんかも。そういう状況で、とにかく俺は研究者としていい仕事をやる、そういういい仕事というのは何なのか、それは歴史を変える仕事ですよ、歴史の歯車を一つでも前に動かしたいという、そういう仕事をやる人ですよ、これが研究ですよ。俺はそういう仕事と出会いたいわけで。

竹中　わたしも、斎藤真先生はじめ多くの方から学んだ、知に対する平衡感覚とか方向感覚を意識します。これは既存の学問パラダイムを突破することに関わり、パラダイムを突破するためには、著者においても平衡感覚と方向感覚を一度、解体しているはずです。一度解体して、それをもう一度、別の次元で再構築できる人が本物です。

――自分ができているかどうかはわかりませんが、身に染みてわかります。

第七章　研究と出版の未来〜北海道で考える

北海道大学出版会に関わった理由

――今日は大学出版会の話、とくに北海道大学出版会の理事長、櫻井義秀さんもご一緒ですし、そもそもなぜ竹中さんが北大出版会をお手伝いされるようになったのか、その経緯も含めて、お願いします。

櫻井　北海道大学出版会についてまずお話しします。一九七〇年に北海道大学図書刊行会として発足してから五〇年余の歴史がありますが、三〇年くらいは北大教員の理系、文系の様々な本を出しており、それなりに成功したとは思います。特に理系の図鑑が出版をリードしてきました。ただこの二〇年くらい、教員も学生も本を読む量が減った。そういうなかで出版部数がどんどん減って、利益が圧縮されてきました。

この数年来、赤字続きで、これはうちだけではないでしょうが、学術出版はとても厳しい状況です。教科書にシフトしようとか、いろいろな戦略を立ててるけど、組織的にうまく動かない。

そこで東大出版会を担ってこられた竹中さんをお迎えして、立て直そうとしながら現在に至っています。

——竹中さんに目を付けた理由は何ですか。それまでは知り合いでもなかったそうですが。

櫻井　このままではだめだと思い、京都大学学術出版会専務理事の鈴木哲也さん、名古屋大学出版会専務理事の橘宗吾さんと続けて話を伺いにいきました。とにかく先進的な出版会から経営のノウハウ、つまり、どんな本を作ればいいのかも含めて勉強しなければと。そして東大出版会にも行きました。

櫻井義秀氏

竹中　二〇一七年三月半ばでしたね。東大出版会の黒田拓也専務理事のところに来られた。わたしは退職していたけれど、嘱託として本作りで東大出版会に関わっていました。黒田から北大出版会から相談に来るので立ち会ってほしいと言われました。その前に、京大出版会の鈴木さんからも北大出版会のことを聞いていました。

——なるほど。それで櫻井さんが初めて会った竹中さんの印象は？

櫻井　何か怖いおじさんだなと（笑）。

竹中英俊氏

竹中　みんなそう言う（笑）。

櫻井　もう少しにこやかな人がいいかなと思ったりもしました（笑）。それを札幌に持ちかえって、北大出版会事務局で話をするのだけど、なかなかぴんとこない。そこでもう一回、鈴木さんに話をして定期的なアドバイス、特に企画の立て方とか、本作りのやり方を根本的に改善してもらえないかと思いました。本当は北大出版会の中でもそれを教えられているはずなのでしょうが、編集というよりは依頼されたものを単に仕上げていく仕事になっていると感じていましたから。皆さん職人ではあるけど。そこで企画や本作りを通じて出版会をもり立てていくために、竹中さんを相談役としてお迎えしたという経緯です。

——理事長の独断と気合で決めたのですね。確かに竹中さんの実績をみればそういう気持ちはわかりますけど、やはり決め手があるのではないですか？

櫻井　竹中さんのルートでいろいろな人が呼べるかもと思いましたが、決め手は竹中さんが編集された本がどうこうではないのです。会った瞬間、竹中さんに感電し、「全身編集者」だとわかりました。一種のオーラです。全身編集者。編集とか本のことを二四時間考えている人。北大出版会にはいないのです。みな職場では考えているけど、家に帰ったら忘れるのです。労働者としては普通なのですが。でも編集者というのはずっと頭に抱えていて、休日でも家へ帰ってからもアイデアを考え続けるとか、そうでないと学術出版で著者と対等にやり合うことはできないと思っていましたから。

——竹中さんはfacebookを見たら分かるけど二四時間、これ考えていますもの。本当にプロフェッショナルです。

櫻井　だから、こういう人をロールモデルとしてみなに見てもらうと、うちも変わるんじゃないかと思いました。

――なるほど、素晴らしい。今でも怖いですか。

櫻井　いや、そうではないない（笑）。

――僕は今でも怖いです（笑）。

櫻井　だけど来てもらってわかったのは、変わらない人は変わらない。やはり竹中さんのようにはやれませんとなる。雲の上過ぎるという感覚かな。

竹中　それはわたしも感じました。

――プロ野球選手でも、落合博満を呼んで、おまえら真似しろといっているようなものだから。

櫻井　そうですけど、だったら自分とどんな差があって、どこを埋めればいいかという発想がほしかったのです。ただ違い過ぎると。私はこんな編集者になろうと思いませんと。

竹中　わたしに言わせれば、盗めるところを盗んでほしい、と思っていました。でも、違う人だと見られている感じはありました。

編集者たちの競演

――でも竹中さんみたいな編集者はほとんどいないでしょう。

竹中　多くはいないと思うけど、いないわけじゃない。

――石井彰さんは、ちょっと違うけど似たようなタイプです。

竹中　学術出版界でも、一〇人とか一五人くらいのそういう編集者はいます。会うと分かりますから。

——同じにおいがする?

竹中 うん。何だろう(笑)。先ほど名前が挙がった大学出版会の方々以外に、例えば、創文社に相川養三さんという方がいました。「自由学芸叢書」を創り、一九九〇年代の人文社会科学の出版を先導した人です。交流もありますが、企画で競合したりもします。同じ著者をめぐって奪い合い、シビアな闘いもやります。

——いい企画だけど、うちでは出せないけど、お前のところでどうだと言える関係ですか?

竹中 互いに尊敬しているからそれはやらない。自分のところで出せないものを、競い合っている相手にやってというのは言えません。

——では頼める相手は尊敬してないのだ。石井さんを尊敬していないと(笑)。

竹中 いえいえ、国際書院の石井さんは特別です。石井さんとの関係はライバルではなく、特別だから。普通は相互に手の内を明かさないという意識があります。

——プロ野球の選手同士のだまし合いみたいなところ。こいつは面白いから俺がやりたいというような情報交換はしないのね。

竹中　しない（笑）。

——プロのスカウト合戦みたいですね（笑）。

竹中　原稿が入り、ゲラになって以降はオープンにします。でも著者名、テーマは、その前の段階では教えない。

——でも競争相手だけど好みの違いってあるでしょう。

竹中　それはあります。例えば、名古屋大学出版会の橘さんとは企画で競合したことはありませんが、本作りの方針の違いは明瞭にあります。彼はトップクラスの編集者です。わたしと違い、平気で厚い本を作る。八〇〇ページで一冊。わたしは注、索引、資料で増えることはあるけど、本文は三〇〇ページぐらいが適切だと教育を受け、また尊敬する著者、例えば斎藤真先生や三谷太一郎先生からもそのようなアドバイスを受け、実践してきました。

――竹中さんが編集者だったら、東大出版会の塩川伸明さんの『国家の解体：ペレストロイカとソ連の最期』（二〇二一年）三部作は出していないね。

竹中　その本は別格です。いつも例外はあるのです。前にも申し上げましたが、塩川先生の初期作品はわたしが担当しました。文献も多かったけど、すべてで三八〇ページに収めています。専門分野プラスアルファの読者を得るためにも、厚すぎる本はやめたい。

京大出版会の鈴木さんは、大学出版部は専門の一回り二回り外の読者をつかむような本作りをせよと言い続けてきた人です。これに対しては橘さんが、むしろ、その専門分野の出版そのものが魅力を持つように編集すべきだと主張する。自然科学のみならず、社会科学であろうが、人文科学であろうが、そこにおける思考方法とか、学問方法とか、そこで発見されたものが先端的かつ本質的であるならば必ず通底するものがあるはずだと。だから、それを見通して本をつくるのが編集者だと自覚して実践する。橘さんは「人類の知」を見据えている、なかなか、すごいなと思いました。相川さんの出版姿勢にも共通するものがあります。

——竹中さんはどう思うの。

竹中　わたしは双方から学ぶところがあると思っていますが、どちらかといえば、橘さんの方に近い。鈴木さんの言う一回り二回り外の読者を意識せよということはわたしも著者に対して使うことはあります。それは専門分野以外の人にも配慮した執筆を心がけてほしいという意味でです。そのことは自分の書き著そうとしていることを対象化することにつながるからです。でもそれはあくまでテクニカルなものであって、編集あるいは本作りの本質はそこではないと思っています。

——彼らの影響もあったのですか。北大に行くのにあたり。

竹中　わたしが行くのを検討したのは二〇一七年三月半ばですが、鈴木さんの説得もありました。その段階で大学出版部が抱えていることへの共通理解がありました。二〇一七年段階ですが、出版全体、あるいは大学出版部自体が落ち目になっていました。櫻井先生がおっしゃったように本が売れないということですが、これは北大出版会だけではない。かといって電子書籍化へは十分な対応もできていない。その中で私立大学の出版部が縮小しつつありました。

また国立大学法人化の二〇〇四年以降、国立大学法人の組織の一部として出版部がたくさんできましたが、だんだんと名前だけになって活動しなくなっていったわけです。一〇年ぐらいは大学も予算を付けたけど、見合った成果が出てこない。このままでは大学出版部全体が危ないと思いました。これは橘、鈴木、そしてわたしも同じ思いだった。

鈴木さんが言うには、北大出版会は危機である、私立だけなら撤退があっても大学出版部全体の屋台骨は崩れないだろう。だけど旧帝大系の大学出版部の一つでも消滅するような事態は、大学出版部全体が成立しなくなることにつながる。社会からも著者からも学生、読者からも信用も失う。大学出版部の火を消してはならないという意識があるのです。大学出版部活動そのものが日本から消える可能性すらある。それを何とか防がなければいけない。そこでやはり北大出版会に誰かが現地で関わる必要があると。

そうはいっても、橘さんも鈴木さんも専務理事です。動けるはずがない。いま行ける人は竹中しかいないと説得されたのです。そこでどこまでできるかは分からないけれども、札幌に足を運ぼうと決心しました。そこから毎月一回、一週間の札幌通いが始まって、いまに至ります。

北大出版会に通い、北大出版会の活性化を図るためにいろいろ提案しました。しかし当時のスタッフにはその提案を受け止める基盤がない。なかなか人というもの、組織というものは変わらない。もう打ち切ろうかと何度も思った。でもそのたびに、ちょっと待て、そもそものミッションを忘れたのかという声が自分の中にあった。だから踏みとどまったわけです。

――そのもうやめようと思いかけられていたときに、私が竹中さんのfacebookのつぶやきを見たのですね。それで何事かとお声がけして、東京駅の八重洲口地下のキリンシティで飲んだのですね。

竹中　二〇二〇年の三月、コロナ禍が蔓延する直前です。

――そうです。あのとき北大出版会への竹中さんの気持ちを伺いましたね。ここまでは詳しくは聞かなかったけど、大学出版全体を守るためにやっているのだと。同じころ、その前の年の忘年会の帰りに、櫻井さんから、ちょっといいとか呼び止められて一杯やったのですが、北大出版会はなくなるかもと言われて、衝撃を受けた。でも今日まで出版会が続いているのは竹中さんが辞めなかったおかげですね。竹中さんがいなくなっていたら、この企画も本として出なかったろう。

竹中　でもまだ盛り返しているわけじゃない。

櫻井　やっと緊張感が生まれたなという感じです。なあなあの仕事に対して目を光らせる体制が整ってきたと。現状維持でいいという感覚になっていて、じり貧でしたから。それを変えるのは大変な仕事ですから、時間がかかります。でも仕事の受け方、編集の仕方、あるいは印刷所やデザイナーとのやりとり、営業の仕方、さらに大学出版部協会との連携、こういうのを細かく指導していただきました。おかげでみな生き生きしてきたと思います。新しい人たちも入りましたし、やる気を感じられます。

──現状を維持するのが精いっぱい。そういう状況は明らかに止まったわけですね。

竹中　止まりつつあるというところでしょう。まだ止まったとはいえない。必要な出版点数が確保できたわけではないから。売れない本を減らした、質に問題がある企画を立てないというのがひとつのポイントです。例えば、補助金が一五〇〇万円出て四〇〇部作っても、実際に売れるのが一二〇部ならば赤字ですから。

企画の段階で、見る人が見ればこれが分かるわけです。だからたくさん売れるものを作る前に、補助金もらっても赤字が予想されるものを切るというのが先です。また質的に大きな問題がある企画は断るということです。マイナスを消した段階に過ぎないから、まだまだこれからだと思います。

——これはマーケティングの問題だと思いますが、売れなくても出す価値のある本はあるのでしょう。目利きをして、これは少し損をするけど、絶対出すべき本だとやるのでしょう。

竹中　もちろんそれはやります。でも狭い専門テーマに特化した内容では読む人がいないというのもある。

——そういうとき五〇〇万円出してくれたら出しますか。

竹中　そういうときの本の作り方があります。製作と発行と発売をわけるという手もあります。北大出版会でも自覚的に取り組む可能性はあると思います。

櫻井　北大の場合、企画委員会のもと、専門に近い人が読む査読に依存する傾向が強かったと思います。でも企画委員の先生方は、販売して利益が出る、出ないはあまり考えない。ある種、学術的に自分の関心があるもの、その分野の研究でのレベルだけで評価する。そして、ノーと言いにくい大先生に甘くなる。でも最近は、率直な意見が数多く出るようになり、議論できるようになりました。実際、流通・販売まで含めて、本を一定数読者の元に届けられるのかどうかをみんなで考える雰囲気がでてきました。

竹中　これは本が出たときにそういうプロセスを踏んでいるかどうかわかるのです。そういうプロセスを踏んでいない本は多くの場合普及しません。

全国の大学出版会を見て

――一言で言えば編集者ひとりひとりの力をどのように大きくしていくかということですね。でも北海道大学に固有の事情もありそうな気もします。その前に、全国の大学出版の状況などをお伺いします。名古屋大学出版会の話がでましたので、そこから。

竹中　ご承知と思いますが、東大出版会とは違って、名古屋大学出版会は中京地区の連合大学出版会としてできた、私立大学も入った組織です。九州大学出版会もそうです。山口から沖縄までの連合大学出版会です。対して、京都大学学術出版会は京都大学をバックとしています。左翼系の人たちが同窓会名簿づくりなどを行ったのが始まりと聞いています。その資金をもとにして、大学の承認を受けて、京都大学学術出版会という名称で一九八八年から始まりました。その後も大きなジグザグがありましたが。

名古屋大学出版会は、一九八二年に中京財界がバックアップして設立されました。名古屋オリンピックを一九八〇年に誘致という話がありましたが、オリンピックを誘致できませんでした。その代わりに何かやろうということになり、中京地区で名古屋大学を中心とした連合大学出版会をつくろうという話しになったそうです。比較的資金豊かな状況で始められた。だから、あそこは他と異なり、準備期間を結構長くとることができました。資金がないと、すぐに本を出しての自転車操業になりますから（笑）。

——名古屋大学出版会は、賞を取る本を狙って出すという感じです。

竹中　必ずしも賞を狙っているわけではないと思います。スタートの時点で準備期間を十分取ることができた、いいスタッフをほかの出版社から招くことができた、その後継者が優れていることも大きいでしょう。がっちりした本づくりの基礎を最初から打ち立てることができます。草創期から大きな賞を取っています。

――あと書き手のバラエティーがありませんか。中京を超えた書き手を集める。

竹中 全国区です。北大の先生も書いています。あの企画マーケット力、発掘力はすごいのです。しかし、ある時期までは名古屋大学と軋轢があったようです。

――そうでしょうね。名古屋大学ではない先生の本が多い。

竹中 それだけではなく、名古屋大学の先生の企画を結構、断るのです。それで、大学の側からすると、けしからんとなる。

――人文社会系の本を名古屋大学だけでできるかというのもありますね。東大と違って。

竹中 いや、それは（笑）。いずれにせよ、名古屋大学の先生に過剰依存しないですむ体力や財力があったわけです。一番いい本を出すという方針で、優秀な書き手に広く声を掛けて集めていました。その結果、名古屋大学出版会としての名声を確立してからは、名古屋大学の部局長も今の路線で頑張ってくださいとなりました。だから、名古屋大学より大学出版会の方が有名だねって、名古屋大学のトップの人たちが言っている。

――あんなに出る本が次から次へと賞をとると、書きたいという人も多くなります。これを受け入れる余裕があり、全国から企画提案があったら、ますますいい本が出ます。好循環ですね。

竹中　名古屋大学出版会は持ち込まれた企画をそのまま出すことをしません。必ず丁寧に読んだ上でアドバイスします。より強く、こうした方がいい本になるという提案をします。そして三年でも五年でも改稿をやらせます。他方で学術書は必ず出版助成金をもらうことにしています。結果的に賞を取っている本も、科研費や大学、さまざまな財団の助成をもらっています。あとがきを見ればわかります。教科書は別ですが。

――商売がうまいな。

竹中　だから、スタート時点が重要ですね。その分、結構著者に対して厳しい。三年、五年かけて改稿しても出来が不十分であれば出版を断りますから。例えば、博士論文でそれなりにいいものを書くでしょう。一定の水準に達していて普通に見れば出版できそうである。それに対して注文を付けます。筆者は書き直しますね。でも書き直したから、いつもよくなるとは限らない。悪くなることもある。だからその場合、書き直し原稿を提出しても、出なくなります。五年間かけて直して本が出ないのというのは、筆者はつらいでしょう。立ち直れないですよ。

――そういう意味では、竹中イムズのほうがいいですかね。厳しいけど、見切りが早いから。これだめと言ったらすぐそうじゃない？

竹中　はい、だめと言ったらだめ。でも可能性があったらもちろん直してもらう。でも長くて三年ですね。そして努力が見えたら、出すように頑張る（笑）。

――厳しいことを言っているけど、人情家？

竹中　結構、わたしは優しいのです。優しいから、年間担当企画二〇点ほどの書籍を出せるのです。名古屋大学出版会は年間点数が、三〇を超えることはないですから。

——よりすぐって賞を取る、だけどそれでつぶれる研究者もいるみたいな。厳しいですね。でも世の中そういうものか。それは、東大出版会のポリシーも関係していたのですか。竹中さんご自身の考えですか?

竹中　わたしの場合、いろいろなものが作用しています(笑)。ただ、わたしはなるべく多くの研究者に出版の機会を与えることも大学出版会の使命であると考えてきました。

——率直に言えば、東大の人文社会系は層が厚いし、優秀だからそれだけで回る。逆に東大以外の人の本は出しにくいのでしょう。黎明期の東大出版会の話を伺ってそう感じました。それに東大の先生は権威的というか権威だけど、レベルが一定以上だから、書き直しも三年で対応できるのでしょうね。全国から書き手を募るとやはり玉石混交になるから、そこで線を引かねばならないのかな。いい悪いは別として、そういうヒエラルキーが理由だと思う。

竹中　東大出版会も全国また海外の著者の企画も出します。英文出版も長く手がけてきましたから。

北大出版会の課題

――そこで北大の話に行きましょう。北大は基本、理系の大学です。そこがまず大きいのではないですか。

櫻井　はい。

竹中　そうですね。

――出版会も理系の研究成果に大きく依存していますね。でも出版は文系の本が大事だと考えます。私は北大も決して文系が弱いわけではなく、いい先生もたくさんいると思います。ただ、その成果が北大出版会にシューレしていないと感じます。出版会もどうしても理系を軸に図鑑でまず稼ぐことを考えてしまうような傾向はありませんか？　櫻井さんは、人文社会系出身の理事長ですから、そのあたりはいろいろ考えておられるのでしょう。

左：竹中英俊氏、右：櫻井義秀氏

櫻井　それだけではなく、やはり学術出版の基礎、在り方を問い直すということでしょう。結局、大学出版部協会は東大、名古屋、京大が主軸です。その下に北大、東北大、阪大、九大の出版会がある。私たちの層は、うまくいくと上がるけど、下手を打つとどんと下がるのです。どこも同じように大学からも独立採算を迫られていますが、北大も厳しい。出版社の仕事場ひとつをとっても、夏は暑く冬は寒い建物を大学から借りています。北大出版会のスタッフがどれだけ苦労しているのかよくわかります。借料の負担も大きいです。私たちは、図鑑を看板にここまでなんとかやってこれたという感じです。だから、独立採算でやっている学術出版会のあり方と大学との関係を考え直していかないといけない。より問題なのは、何より学術出版と出版会が今後直面する未来についての危機感が不足していたということです。

――ある意味、北海道の構造に似ています。北海道は自然が豊かで、それ自体で売り物になるでしょう、食い物も飲み物も素材だけで。

櫻井　そうなんです。図鑑にしても、北海道物が売れるのです。北海道の草花、昆虫。最近は恐竜ですね。北海道出版会は、花や虫に助けられてきたのです。

竹中　ええ、人文社会系の学術書と比較して本当によく売れるものが多い（笑）。

――人文社会は、人が関わるから、一種の加工業です。北海道そのものではなく、詩や批評とか歴史、文化になりますが、やはり素材頼みの北海道カルチャーが売れやすいから、そちらに流れるのですかね。北海道に関係なければ、北大出版会で出さなくてもいいみたいな。

櫻井　さらに言えば、残念ながら、北海道大学出版会には大学教員と対等なかたちで向き合える人文社会系の編集者がこれまで少数だったというのも大きいでしょう。世帯が小さいので専門性を保つことが難しいし、いろいろな分野の仕事を引き受け、とにかく制作して利益を確保するというのが優先されてきました。

――竹中さんが、最初に東大出版会にやっていた仕事かな。

竹中　委託製作ですね。著者が資金を提供して本を作るプロダクション。ただ、東大出版会のものは基本、委託製作部門が扱うのは非売品だから、出版会の市販本そのものの質にあまり影響を与えない。でも北大出版会は、それを市販することもあります。そこで北大出版会の質そのものが問われることになります。北大の文系の先生方から、自分が北大出版会で出す必要性はないと言われたことがあります。

――そこがもう一つ問題。北大は理系の大学と言った意味は、彼らは北大愛が強くていい意味で土着化します。農学もそう、低温研究とかもそう。

しかし、私もそうだけど、文系はよそ者が多いのです。出身大学はだいたい札幌より南なので、みな南に帰っていきます。北海道大学出版会で出そうというモチベーションが低い。マーケット的には北大出版会で出すより、やはり東京、京都の出版社で出そうとなりますから。

櫻井　残念ながら、その通りだと思います。北大出版会で出しても、広告含めて学会や社会への広がりが弱い。新聞のサンヤツや道内版広告に掲載される本は一部であり、年に一回まとめて年度内の全点広告を出しますが、予算制約上、学会での出張販売はほとんどありません。東京の人文社会の専門書店でのイベント開催や新聞や雑誌の書評に強力に押し込む技もないですね。それでも、私が北大出版会にこだわってきた理由は、最初の一冊を出してもらった恩義からです。数少ない人文系の専門編集者がいたからです。

編集者の役割は、北大の人文社会の教員にとっても大事です。著者とやりとりし、出版に導いてくれる出版会がある。それは学術書の世界を豊かにしてくれますし、いい研究を導きます。研究ノートや個別論文でいいのを書く人は多いのですが、それをまとめるプロセスを経ないと、他人に読んでもらえる水準にはなりません。

編集者と出版会の力量

――その通りです。編集者との出会いは大事ですね。私が最初に出した本が国際書院ですが、博士論文でした。社長の石井さんとの出会いがなければ出ていません。実は石井さんを紹介してくれたのが、たまたま一九九一年の北朝鮮ツアーで一緒になった角川書店の人でした。うちでは博士論文は出せないけど、石井さんなら出してくれるだろうと。この方とはその後、角川選書で『中・ロ国境4000キロ』（二〇〇三年）の仕事でご一緒します。そこから中公新書の『北方領土問題』（二〇〇五年）につながっていくのですが、編集者に対する信頼感と、お世話になったので貢献したいという、そういう付き合いのサイクルはよくわかります。これを石井さんは出版人という大きな枠組みで先日お話しされていました。そういう意味では、北大出版会に信頼できる編集者がもっとほしいです。

櫻井　そう。それで私は自分自身が編集者になりました（笑）。自分で編集者になって、自分でその著者校正から何からやって、もう完全に自力で宣伝もして。書いて、編んで、売りもすると。それで編著や教科書では分担執筆する人間まで集めちゃうと。北海道大学出版会では一〇冊くらい書いていますが、もう全部やっているわけですよ。

――一〇〇%出版人じゃないですか（笑）。

竹中　それに加えて、櫻井先生は編集者教育もされています（笑）。

——話を変えます。北海道大学出版会の北海道の部分はどうでしょう。九州は各県に国立大学があります。私立も多い。北海道は限られたリソースしかない。

竹中 九州大学出版会というのは、先に言いましたように一三大学ほど入っている連合大学出版会です。それに対して北海道大学出版会は北海道大学単独の図書刊行会が出発点ですから。

——でも東大は総長はじめ力を入れてくださったでしょう。北大はどうですか?

櫻井 確かに、総長まで務めた中村睦男先生や佐伯浩先生はかなり出版会に目をかけてくれたと思います。だが、大学の温情のみにすがっては限界があると考え、それまで大学出版会の会長として北大総長に就任を依頼するとした定款を変更し、会長は置かずに理事長の責任で動ける体制に変えました。

竹中 東大出版会は最初の三代、南原繁と矢内原忠雄、そして茅誠司総長が会長。四代目が大河内一男総長だけど大学紛争もあり、総長の出版会との関係が一時切れます。その後、東大出版会に熱心な総長と、そうではない総長というかたちになりましたが、わたしの現役時代で一番は佐々木毅総長が熱心でした。

——そうでしょうね。出版会で本を出しているじゃないですか（笑）。

竹中　評論的なものだったら、佐々木先生はどこでも出せるわけです。でも専門の政治思想史、政治学研究は東大出版会を候補として考えてくれる。自分の研究にとっても、学生の教育にとっても大学出版会が極めて重要だと認識されていました。

——北大は関心を持った総長っていましたか、とくに応援してくれる総長。

竹中　北大出版会の理事長が総長になるというケースがあったでしょう。

櫻井　先に言いましたが、中村先生は法学部でご自身の憲法のテキストも出されましたし、佐伯先生も工学部でしたが、人好きのする方で、座談の名手でしたね。

——執行部の話も出ましたが、先にも触れましたが、東大と比べるとあまりに北海道大学の先生のコミットが少ないのも問題ではありませんか。

櫻井　出版会に訪問して編集者と無駄話をしながら、こんな本を出したいのだけどと、自分の構想を話したり、人を紹介したりしてくれる方が減りましたね。

竹中　北大出版会の編集者と組んで仕事をしたいと思われるよう出版会の力量をもっと上げていかないといけないですね。東大の先生でも、それなりの人たちが大学出版会に来て、こういう本を出したいということがよくありました。これまで東大出版会に縁がなかったけど、現役最後の本は東大出版会で出したいとか。

櫻井　私が文学部で言われたのは、他の出版社では厳しそうだから、北大出版会に相談したのに、どうして出さないんだと。自覚がない人がかなりおられます。だからいい原稿をと言っても二番煎じになりがちで、ぜひ北大出版会で出したいと言われるようになりたいです。

――北大愛が足りないね、いやもともと愛がないのか。

どう立て直すか

竹中　それも編集者の力量次第で少し変わると思う。もちろん、簡単ではないですが。

――東大出版会も最初から力を発揮できたわけではないからね（笑）。当初は、法学部の先生が有斐閣とか岩波書店に行くのをどうするかと、工夫して開拓していった。それを北大出版会もやれということですね。

竹中　そこですね。個人の能力も大きいけど、全体の雰囲気です。つまり、何を目指すのかという点。一言で言えば、理念です。北大出版会として独自の理念を持てるか、その理念を社会と共有できるかどうかです。

――東大出版会は何を理念にしたのですか。

竹中　いくつかあります。ある意味、日本における大学出版部を先導するという役割も担いました。初期には大学出版会とは何かが模索されました。オックスフォード、ケンブリッジなど由来が違うから、モデルにならない。アメリカ型を考えるのですが、アメリカは私立大学が主です。私立大学は基金がある、寄付ももらえる。一九五〇年代までの話です。ところが東大もそうですが、国立大学は、定価をつけて売る営利事業ができない。直接資金援助ができないから、大学出版会は全部独立採算でやらなければならない。このスタートの条件を踏まえて大学出版会は何をやるのか考えたという面があります。

三種類の出版を考えました。第一に専門的な研究に役立つ専門書、研究の成果としての研究書。第二に学生教育のための教科書、教材。そして第三に社会との接点をより持った一般読者を相手にする教養書。この三本柱を打ち出したのが矢内原忠雄です。東大出版会ができて五年目です。実はほとんどの大学出版会、国立系はこれに基づいています。日本の大学出版部を切り開いてきたという意識が東大出版会にはあります。他の大学出版会と違うのは、講座シリーズもの、そして辞事典にも積極的に取り組んだという特徴があります。

――それがベースで大学出版部に共有されているといっても、東大はそれでいいかもしれないけどほかの大学出版会は、個性を付けなきゃいけないのではないですか？

竹中 個性だから、個別に言いますが、東北大学出版会は、東北大学創立百年に向けてつくられた基金をもとにできたので、東北大学の研究教育成果に即した出版を一九九六年の創設時から一貫してやっています。一方で編集者が一人しかいないので、手を広げられないようです。名古屋大学出版会については全国区とすでに話しましたね。それから名古屋はあまり講座シリーズものや一般書は作りません。教科書と得意な分野の専門書です。京大出版会は「京都大学学術選書」という一般向けの本を作っています。定価二〇〇〇円台のシリーズで一般向けを作るのと、あと大学の博士論文を基にしたもの、大学が資金をつけた博士論文をもとにしたプレミエ・コレクションが一つの特徴です。そして西洋古典叢書という一六〇点を超える太い柱があります。

出版会の規模も大事です。名古屋が今九人ほど。北大は五人。京都が一四〜一五人です。一四〜一五人だと自分たちで企画するものとともに、持ち込まれたいい企画をこなせば点数が伸びます。

——では北海道大学出版会はどうなのでしょう。

竹中　実績をあげている図鑑類があります。あと研究所ねらいがあると思います。

——東大でやったやつだ。

竹中　そう。スラブ・ユーラシア研究センターも含めてですが、アイヌ先住民研究センターもあります。つまり、他の出版会にはできないものを一〇年やるのです。ただ意図的でないとだめです。

――うちも「スラブ・ユーラシア叢書」をやっていますが。

竹中　でもそれは出版会が主体となった企画ではなく、研究センターの企画を受けているものですね。それでもいいのですが、もうすこし出版会から働きかけることが重要です。

――私たちから見てありがたいのは、論文集を出してくれることです。どの出版社も単著は受けるけど、論文集は二の足を踏みますから。先生一人だったら出しますみたいになる。

竹中　そうそう。

共同研究と学術出版会の役割

――複数の研究者による共同研究が大事だと、これまで竹中さんとのやりとりでも議論してきました。単なるばらばらの論文を集めたものではなく、一つのテーマで共有したものを多角的にまとめる。それをきちんとまとめるのは編者の力量でもあるけど、編者が執筆者を動かすスタイルがいまは普通ですから。黎明期の東大出版会とは違います。共同研究をきちんとしたかたちで出すのは大学出版会の役割ではないでしょうか。

竹中　そうだと思います。いま北大出版会で手掛けているスラブ・ユーラシア叢書の『日本帝国の膨張と縮小：シベリア出兵とサハリン・樺太』（二〇二三年）も、タイトルだけでなく目次構成の見直しを含めて編者・執筆者にいろいろと注文を付けています。また新人編集者との共同担当にしています。新人編集者はそれまで単著の経験しかないから、共同執筆の著作をやってもらって経験を積んでもらおうと思いました。単著よりはるかに大変だと言っていました。でも面白いとも。

――それはもう編者として私は二四時間それをやっています。出版人の一人として。

左：岩下明裕氏、右：竹中英俊氏

竹中　北大出版会も親大学が研究所やセンターをいくつももっています。それも他大学にないものを。そこを積極的に開発していく姿勢を持つのが大事でしょう。意識的に。

——人文社会でも北海道でしか加工できないコンテンツですね。ロシアとの関係、北方史、先住民研究というのをまとまったかたちで出すことを、他の地域の出版社はさほど関心を持たないでしょうから。

北大だったら、ウポポイのシリーズですか。先住民研究のナショナルセンターですから。館長はうちの共同研究員でした。私が編集している「境界研究」で特集も組みました。こういうのをベースにして本にする、共同研究はシリーズにする。東大でやるより、北大でやるべきですね。

最後に研究と出版の未来を北海道で考えるというテーマで行きます。北海道に来られていかがでしょうか。

竹中　わたしも北海道に来ることによって初めて分かったことがいくつかあり、自分にとって北大出版会での経験も大きいと思っています。まず、なんだかんだいっても自分は東大出版会から物を見ていたことを自覚させられました。東京と東大と東大出版会から距離を置いて自分を見ることができました。

――それは国際書院で石井さんと議論したときにも腑に落ちたことですね（笑）。

竹中　北大出版会に相談役として関わって気付いたのですが、出版の条件の違いが大きい。まず本の流通が全く違う。東京で本を作って全国に発信するのと、札幌でそれをやるのは同じやり方ではできない。東京で本を作れば、全国の書店で何月何日に発売と宣伝をすることができます。東京の書店なら何日、関西だと何日、九州や北海道は何日とだいたいわかります。ところが北大出版会で本を作って売ろうとすると何日に本が書店に着くかわからない。だから、何月何日発売と広告で打てない。札幌の取次書店に本を入れても、一日何台もトラックを出していないので、一定の量になるまで待ちます。輸送費はばかにならない。だから新刊をこの日に出しても、いつ東京の三省堂に着くかわからないのです。わたしは本当に驚きました。製作コストもかなり違います。

わたしの見方が東京に毒されていたことをひしひしと感じます。出版については、岩下先生と二〇一九年九月に紀伊國屋書店札幌本店で一緒に講演会をやりましたね。

――やりましたね。

竹中　あのとき、急に「竹中さん、北大出版会を今後どうする？　どう考えているの？」と、公衆の面前で先生に訊かれましたね（笑）。

――ああいう「無茶ぶり」は、私の常套手段です。

地域に根差しつつ、学問の普遍性を目指す出版

竹中　当日のテーマとは関わりがないことで、何も考えていなかったわけではないけど、準備はしていなかった。思わず、地域に根差した出版であり、同時に学問の普遍性を目指す出版の

二つをどう組みあわせるかが課題であると答えました。「北海道の大学出版会」として、ここの地盤、地域、根拠を活かしつつも、地域出版、地方出版に自足するべきではない出版をめざすと。そしてまた地域に根差した出版でありつつ、「北海道大学の出版会」として、日本全体、あるいは世界を意識した出版を目指したいと言葉にしました。後で考えると本音を語ったなと思いました。付け焼き刃でしゃべったつもりでしたが。

——訊いていたことも忘れていました。でもそういうときにこそ本当の答えがでてくるから、急に振ります。

竹中　だから、出版企画はいいものに絞る。企画について断る勇気をもつことです。編集者一人一人が自分で考えて、納得できないものは断ること。その積み重ねが大事かと思います。櫻井理事長には断ったものの一覧を見せています。

——結構あるのですか。

竹中　たくさんあります（笑）。

櫻井　半分以上、持ち込み企画を断っています。今の若い編集者たちは、自分の評価軸でこれはだめですとはっきり言います。一つは学術書としての完成度、もう一つは営業的に利益が出ると見込めるかどうかの二つの基準からです。

竹中　この間、編集担当者も代替わりして、事務局できちんと相談しています。一人ひとりの判断をもとに、事務局で全員の意見を求めつつやっていますから。と同時に、新しい企画をどうするかということですが、今日話したような出版の方向性について話題にしています。成果が表れるのに早くて三年はかかります。

――断らないで何でも出すと、あそこはそういう出版社だと言われていたと前、話に出ましたね。断られるのが続くと、今度はよくあそこから出せましたねと変わりますね。それはプレステージが上がるわけですね。

櫻井　私自身、北海道にこだわった研究をしているわけではありませんが、北海道大学で三〇年以上研究と教育をしている人間としては、日本や世界の出版界やアカデミズムとどう関わっていくのかが北大の懸案だと思っていました。北大の大学院生の多くは、北海道内で学術交流が十分できないので、自分が日本や世界でどういう立ち位置にいるのかなかなか分かりません。それは首都圏や関西圏の大学との大きな違いです。だから、いろいろ外に出て研究交流をしましょうと促すのだけど、国内外に通用する水準でアカデミズムを追求しアウトプットしようとする出版社が身近にあって、そういう編集者とつきあえるというのはとても大事ではないかと思うのです。

特に博士論文を書き上げて出版しようという若手研究者に対して、適切なアドバイスをして、数年かけてまとめる作業を主導するという体制があること。これは年に二度設けている北大出版会の「本を出したい研究者とその卵のための個別相談ウィーク」のことですが、従来なかったことです。北大出版会としても前進だし、ここに関わる若手研究者にとってもいい機会です。博士論文をいきなり大手出版社に持参して読んでくれと言っても門前払いされるかもしれない。そうしたらショックも大きいでしょう。

ですから、いろいろ勘所でアドバイスをもらえるのはいい機会です。こういった点をもう少し北大出版会もアピールしていく、北海道大学の人文学・社会科学の研究もこういうプログラムを組み込まないと質的にレベルアップしない。出版と大学との協働・相乗効果が大事です。そして最初の本を出した中から、私のようにずっとコミットして出版会から数冊出してくれる方が出てきたらありがたいですね。

――若い方々が最初の本を出す。出世しても出版会を大事にして、先生の例の『統一教会』（北海道大学出版会、Ａ５判全六五八頁。二〇一〇年初版、二〇二二年増補四刷り　電子書籍版含めて累計三千部以上）の本のように売れるのを出してくれる。このサイクルに未来があるということですね。

はしがきのような、あとがき

一九四二年八月三日、中江兆民の息子で、その人生のほとんどを北京の陋巷に送った「市塵の思考者」中江丑吉は、肺結核により九州大学病院で死去した。享年五三。その丑吉の病中メモ（同年六月八日）がある。

《一睡もせず。愈々死を現実のものとして覚悟す。活きる積りで来た福岡で死んで行くのは、一寸馬鹿馬鹿しいが、之れ亦已むを得ずとすれば没有法子〔仕方がない〕也。あれこれ万感交錯せるも結局何にもならず。無名より無名に没入する外なし。然しメンシュハイト〔人類／人間であること〕の力を達識せる事は何人にも譲らず。メンシュハイトはかかる無名の個我を吸収し、有名の個我を恰も自由な存在なるかの如く行動せしむる体様に於て、自己の発展進歩を成就し得るのみ。》

若い時より丑吉の生涯と思想に親しんできたわたしは、この遺言とも言うべき「無名より無名に没入する外なし」という覚悟と、「メンシュハイトの力」への信頼とは、常に肝に命ずべきこととして生を送ってきた。特に、書籍編集者・出版人として大半の時を経てきた者として、「黒子としての編集者」であることとともに、「無名を生きる」ことを心掛けてきた。人類史・世界史は無名の人間が織り成す時空間である。

これまで、多くの方から、「あなたの編集者・出版人としての経験をまとめた本を出さないか」という好意ある依頼を受けてきたが、それに応えることはしなかった。歴史に残るのは、担当して刊行した書籍で全てであるからである。それが、今回、編集者・出版人としてのわたしの軌跡の一端を世に問うことになったのは、偶然と必然の契機があったためである。

本書の仕掛け人である岩下明裕・北海道大学教授から、インタビューのお申し出があった時に、それを受け入れたのは、以下のような理由からである。

第一に、岩下先生への絶対的な信頼である。この方になら、何を話してもいいだろうと思ったのである。

第二に、わたしが関わった「幻の企画」について何らかの記録を残しておきたいという思いがあったことである。著者との間で合意を得ながら上梓には至らなかった出版企画が膨大にある。未刊に終わったのはそれなりに事情があるが、それらの記録は、わたしが死んだら、おそらくこの世から消えてしまうであろう。学問史ないし出版史において、未刊企画の記録もそれなりに意味を持つものであり、その一部でもしかるべき記録として残しておいた方がいいのではないか。そう考えたのである。

第三に、岩下先生からインタビューの要請を受けた際に、わたしは公刊を前提にしないという条件を付けた。編集・出版は著者という他者があって初めて成り立つものであり、公刊を前提にすると、他者への配慮の意識が働き、包み隠さず話そうという姿勢にブレーキがかかると考えたのである。このわたしの申し出に対して岩下先生は快く受け入れていただき、わたしはインタビューに応じ、記録として残すことに同意したのである。

以上が、インタビューに応じた主な理由である。インタビューは、二〇二二年五月から九月まで四回札幌で行われた。さらに、岩下先生のアイデアにより、同年一〇月に、永年の友人である国際書院の石井彰さんを交えての鼎談が東京で、そして一二月に、北海道大学教授・北海道大学出版会理事長である櫻井義秀先生を交えての鼎談が札幌で行われた。

これらのインタビューと鼎談との速記があがり、その素原稿が岩下先生からわたしに届けられたのは二〇二三年三月にわたしが札幌に行った時である。さっそくホテルで通読した。それは、出たとこ勝負のわたしの話しを大変よく整理したもので、一読、「面白い」と思った。先生からは「ぜひ本にしよう」という要請を受けた。

しかし、インタビューに登場する著者名や書名また編集・出版をめぐる話題は、多くの人にとっては疎遠なものであり、そのまま本にすることはできないと判断して、整理済みの速記はわたしのところで眠ることになった。その前後、北大出版会相談役としてのわたしは、諸課題の処理に取り組み、また刊行期限付きの企画を多数抱えていたこともある。

このわたしの判断と心境を変えたものがある。二〇二三年六月末に受けた定期健康診断で胃がんが見つかったことである。幸いそれは初期段階であり、八月の短期間の入院と手術とでこと無きを得た（と思っている）。しかしながら、胃がんの診断は、わたし自身の残された時間、生の終焉を意識させるものであり、大きく心境を変化させることになった。岩下先生の要請に応えて、公刊のための素原稿の整理改善に取り組むべきではないかと思ったのである。

担当していた編集・出版業務が一段落して、素原稿に本格的に向き合ったのは二〇二四年五月以降になった。

以下、「あとがきのような、はしがき」と重なるところがあるが、本書を手にする方々のためにいくつか記しておきたい。

インタビューを受けるにあたってわたしが用意したのは、短いコメントを付した編集担当書籍一覧（巻末資料参照）と簡単な未刊リストのみである。それ以外は一切用意しなかった。この担当書籍一覧の中から岩下先生が選んで読み直し、先生の関心に沿ってインタビュー時の書目が取り上げられることになった。したがって、わたしにとって極めて重要な書目であっても言及する機会がなかったものが多々ある。また、東大出版会の編集局長および常務理事となった二一世紀以降に刊行された多くのものは「組織人」として担当したものであり、これらについても言及する機会はほとんどなかった。

しかしながら、わたしが一編集者として意識的に取り組んだ二〇世紀一九八〇~九〇年代の主要な書目は取り上げられており、この点について岩下先生の慧眼に敬服するものである。

国際書院の石井彰さんとの久し振りの語らいは、編集者・出版人として相互に共通するものと異なるものを改めて意識する機会となり、その白熱した議論の記録は多くの読者に訴えるものがあると信ずる。

また北大出版会の櫻井理事長は、わたしを同会相談役として招聘された方であり、大学出版・学術出版をめぐって共に苦闘している同志である。「全身編集者」というお言葉をいただいたことに謝意を表する。また北大出版会での経験は、わたしのそれまでの「東京中心主義」を打破するものであった。それは、出版だけでなく、近現代史を見直す契機ともなった。

以上、本書のもととなったインタビューと鼎談の背景、公刊に至った経緯を記した。本書出版によっても「無名より無名に没入する」ことには変わりがない。今後も「知の公共世界」の立ち上げに尽力する。

わたしの記憶違いや、また誤解が本文には多々あるかもしれない。ご寛恕を乞いたい。そして、これまで関わっていただいた、幽冥界を異にした方を含む全ての著者、出版界とそのパートナーの方々、会うこともなかった多くの読者の方々、また日々の生活を支えてくれた家族に、感謝する。

なお、書名は岩下先生の提案をアレンジしたものである。「日本政治学出版」を僭称するつもりはないが、ある時期において先導した自負はある。ご海容願いたい。

最後に。かつて東日本大震災ののちに大学出版部協会の諸氏に向けたわたしのメッセージを再録する。

《愛と同様に、本は惜しみなく奪うものである。そしてまた、愛と同様に、本は惜しみなく与えるものである。さらに、愛と同様に、本は永遠である。》

（「本をつくるよろこび」大学出版部協会編集部会編『編集マニュアル』二〇一二年三月、所収）

二〇二四年一〇月三一日

竹中　英俊

追記　出版は花伝社にお願いした。同社および担当の家入祐輔氏に感謝する。また、デザインは畏友西岡文彦氏に依頼した。永年のご厚情に心より御礼申し上げる。

本書のもととなるインタビューを受けている最中、わたしを大学出版の世界に導いていただいた石井和夫氏が、また、あとがきを書き終えてのち、本書に登場する猪口孝先生が逝去された。わたしにとって格別のお二人である。本書をご覧いただく機会を得なかったのは残念である。以下、お二人に対する追悼の拙文を掲載する。

誄詞　石井和夫氏へ

大学出版部協会第三代幹事長を務め協会顧問として逝去されました石井和夫氏への誄詞《しのびごと》を奏します。

氏は本年〔二〇二二年〕八月二四日、介護ホームにて穏やかに天寿を全うされました。享年九五。ご遺族によれば《丸山〔眞男〕先生の『日本政治思想史研究』の出版に携わることができて運がよかった　が父との最後の会話になりました》とのことです。「大学出版に生き大学出版に死す」者の辞と言えるでしょう。

一九二七年愛知県生まれ。東京府渋谷で育ち、府立四中（戸山）から、仙台陸軍幼年学校、航空士官学校に進み、帝国陸軍軍人の道を歩みました。敗戦を満洲の地で迎え、朝鮮を経て帰還。

「一身にして二生を経る」と自身語られているように価値観の大転換。カツギ屋、ペンキ屋、角川書店での出版の手伝いを経て、東京大学文学部に入り、東大生協学生委員となり、一九四九年から協同組合出版部で活動しました。

翌年、協同組合出版部の解散方針が出て、氏は大学出版部を模索。東京大学出版部創設の際、首唱者である南原繁東大総長から編集主任の辞令を受けました。一九五一年二月二八日、二四歳の時です。爾来、大学出版ひと筋。編集主任、常務理事、第二代専務理事として東京大学出版会の活動の中心を担いました。このような事績に対して二〇〇九年「新渡戸・南原賞」が与えられ、また氏は東大出版会南原基金への寄付をされています。

一九六三年の大学出版部協会設立に際しては発起人に名前を連ね、その後、幹事長を務め、協会に対する日本生命財団刊行助成の運用・充実に、さらにアメリカ大学出版部協会の日本研究図書出版促進計画の推進に大きな役割を果しました。

氏の軌跡は、編集を手がけた数多の書籍にあるとともに、唯一の単独著『大学出版の日々』に結晶しています。本書は、東アジアの出版交流にも尽くした氏にふさわしく、一九九〇年に北京大学出版社から中文版が刊行されています。

氏は、昭和前期の戦争について「愚かな戦争であった」と『UP』二〇一三年一一月号の「学徒出陣と南原繁」で書いています。それは若き日の軍人としての日々を思い返した苦衷を胸に秘めながらの言です。その一世紀に近い生涯を顧みる時、その軌跡自体が、氏が編集した一冊の本、書籍です。

協会幹事長退任後は顧問に就き、協会総会後の懇親会において、後進の会員に向けて自らの経験と抱負を語られることを常としました。明年、協会は設立六〇周年を迎えますが、氏は彼の国から、六〇周年を心から寿ぐと共に、会員への熱いメッセージを語られるものと信じます。氏の軌跡が示す言葉に協会会員諸氏が耳を傾けられることでしょう。

石井さん、安かれ！

（『大学出版』一三三号、二〇二二年一一月）

悲悼　猪口孝先生

昨〔二〇二四年一一月〕二七日夜、東京小石川の猪口孝・邦子先生のマンション宅が火事に遭い、在宅されていた孝先生およびご長女の安否が不明とのニュースに接し、全く驚いてしまいました。深夜まで情報収集に努め、今朝起きてからも追い続けました。二八日二二時現在、不確定ではありますが、悲痛なことながら、孝先生およびご長女の方は死亡されたと受け止めなければならないと覚悟しました。なお、在宅されていなかった邦子先生および次女の方の安否は確認されています。

猪口孝先生は、さまざまな面で大きな業績を残されましたが、その代表的なもののひとつが企画編集責任者・著者を務められた「現代政治学叢書」全二〇巻（東京大学出版会）であることは大方の認めることではないかと思います。その担当を務めた者として、今回のご不幸に対して言葉に表すことのできない思いを抱いています。

先生は一九四四年一月一七日生まれ。誕生日を同じくするわたしより八歳の年上でした。「現代政治学叢書」全二〇巻の企画が生まれるきっかけとなった出会いは一九八四年二月、本郷の東京大学出版会館一階にあったアートコーヒーの場でした。ハーバード国際問題研究所客員研究員を務めて帰国した後のように記憶しています。初めてお会いしたのはその前であり、一九八二年に『国際政治経済の構図』（有斐閣、一九八二）でサントリー学芸賞に内定した際に先生から直接電話をいただいたことを覚えています。

一九八四年に二〇人の著者に執筆依頼した現代政治学叢書は、刊行開始が一九八八年五月、完結がわたしが東大出版会常務理事退任後の二〇一二年一一月。構想から二八年。多くの紆余曲折がありながらも完結したのはひとえに孝先生の熱意と奮闘のおかげでした。孝先生はこの叢書の第一巻『国家と社会』および第二巻『ガバナンス』を、また邦子先生は第一七巻『戦争と平和』を著されました。

猪口孝先生を編著としてのこの「現代政治学叢書」全二〇巻および「東アジアの国家と社

会」全六巻（一九九二―九三）およびいくつかの単独著を担当したわたしの三〇代初めから四〇代後半に至る十余年は、わたしにとってはまさに孝先生との二人三脚の時代であります。その間の北京への旅行、ジョグジャカルタでの遺跡廻りを孝・邦子先生と共にしたことも含めて、あまりにも懐かしく思い出します。

わたしが二〇一二年三月に東大出版会常務理事を退任する際には、邦子先生ともども東京丸の内のレストランにお招きいただきましたことを感謝の念と共に思い出します。その後も、出版についての相談を受け、とても嬉しく思いましたが、組織を離れたわたしの力不足ゆえにお応えできなかったのは残念です。

たくさんの研究成果を世に問い続け、この後もさらに進めるというメールをひと月ほど前にいただき、そうするであろうと思っていたところ、ご長女様と共にこのような祝融の災いに遭われたこと、まことに心傷むばかりです。また邦子先生の心中を慮りますと、ただただ、天を仰ぐのみです。

心よりご冥福を祈ります。

（二〇二四年一一月二八日）

編者

岩下明裕（いわした・あきひろ）
1962年熊本市生まれ。宮崎、鹿児島で暮らし、九州大学法学部を卒業。山口女子大学（現・山口県立大学）に就職後、北海道大学スラブ研究センター（現スラブ・ユーラシア研究センター）に異動、現在に至る。長崎大学グローバルリスク研究センター長を兼務。
聞き取りをベースとした仕事にも関心をもち、『領土という病』『ボーダーツーリズム――観光で地域をつくる』（ともに北海道大学出版会）で実践。本書はその延長にあたる。学生時代にマルクス主義法学・政治学を学び、変動の時代こそ国家論政治学が必要と確信する。主著は『「ソビエト外交パラダイム」の研究――社会主義・主権・国際法』（国際書院）、『中・ロ国境4000キロ』（角川選書）、『世界はボーダーフル』（北海道大学出版会）など。

竹中英俊（たけなか・ひでとし）
1952年宮城県大崎市生まれ。1975年早稲田大学政治経済学部政治学科卒業。1974年に財団法人東京大学出版会に就職。委託製作部門を経て、1980年に編集局編集部に異動、1992年に編集部長、1998年に編集局次長、2000年に編集局長、2005年に常務理事・編集局長、2012年3月退任、同会常任顧問（2015年3月まで）。2015年4月より竹中編集企画室を主宰（今日まで）、2017年5月より北海道大学出版会相談役（今日まで）。
この間、「横断媒介」をキー概念として、人と人とを結ぶ出版の基点に立った編集企画を目指した。「無名者」として「信・人→輯・網→書・幸」を願いつつ、活動を続けたいと思っている。

日本政治学出版の舞台裏――編集者竹中英俊の闘い

2025年4月8日　初版第1刷発行

編者 ―― 岩下明裕・竹中英俊
発行者 ―― 平田　勝
発行 ―― 花伝社
発売 ―― 共栄書房
〒101-0065　東京都千代田区西神田2-5-11出版輸送ビル2F
電話　03-3263-3813
FAX　03-3239-8272
E-mail　info@kadensha.net
URL　https://www.kadensha.net
振替 ―― 00140-6-59661
装幀 ―― 西岡文彦
印刷・製本 ―― 中央精版印刷株式会社

ISBN978-4-7634-2167-8 C0031

石井　彰（いしい・あきら）
1942年東京に生まれる。1965年日本大学法学部卒業。1967年有信堂高文社入社。1988年国際書院設立。今日に至る。

櫻井義秀（さくらい・ぎしゅう）
1961年山形県生まれ。北海道大学大学院文学研究科博士課程中退。1987 -1992年北星学園女子短期大学講師、1992年北海道大学文学部専任講師、2004年から北海道大学大学院文学研究院教授。専門は比較宗教社会学。単著・編著は42冊。
最新著は、櫻井義秀『宗教と政治の戦後史——統一教会・日本会議・創価学会の研究』朝日新聞出版、2024年。
自称、セルフメイドの本作りの職人。2014年から北海道大学出版会理事長。学術出版が生き残るためには、研究の価値を学生や市民にわかりやすく伝えられる良書作りしかないと考えている。共生き（ともいき）である。

人名索引

ローマン体の数字は本文のページを、イタリック体の数字は
編集担当書目一覧のページを指す。

か行

さ行

た行

な行

は行

ま行

や行

ら行

わ行

編集担当書目一覧

①担当したシリーズ企画について整理すると以下のようになる。

1980年代以降：分科を横断媒介する政治学の編集出版
『現代政治学叢書』全20巻（1988-2012）、『講座国際政治』全5巻（1989）、『行政学叢書』全12巻（2006-）、『国際政治講座』全4巻（2004-）

1990年代以降：専門を横断媒介する地域研究の編集出版
『東アジアの国家と社会』全6巻（1992-93）、『講座現代アジア』全4巻（1994）、『中東イスラム世界』全9巻（1995-98）、『現代中国の構造変動』全8巻（2000-01）、『日英交流史』全5巻（2000-01）、『現代南アジア』全6巻（2002-03）、『イスラーム地域研究叢書』全8巻（2003-05）、『史料で読むアメリカ文化史』全5巻（2005-06）

2000年代：学問を横断媒介する社会科学・公共哲学の編集出版
『社会科学の理論とモデル』全12巻（2000-10）、『公共哲学』全20巻（2001-06）、『シリーズ物語り論』全3巻（2007）、『公共する人間』全5巻（2010-11）

2000年代：時代を横断媒介する復刊・新装版の編集出版
『新装版　日米関係史：開戦に至る十年』全4巻（2000）、『近代日本の思想家』全11巻（2007-08）、『日本政党史論』全7巻（2011）

他に『講座現代居住』全5巻（1996）、『社会保障と経済』全3巻（2009-10）

②担当書籍：東大出版会編集部配属～編集局長就任（1981 年度～ 1999 年度）

編集部配属初年度（1981 年度）

いずれも自己立案企画ではないが、著者開拓のベースとなる。

山本潔『自動車産業の労資関係』

兵藤釗『現代の労働運動』

阿部斉・有賀弘・五十嵐武士・本間長世編『アメリカ独立革命――伝統の形成』

阿部斉・有賀弘・五十嵐武士・本間長世編『世紀転換期のアメリカ――伝統と革新』

アメリカ学会編『アメリカ研究邦語文献目録３　歴史・政治・経済・文学 1975』

中西洋『増補　日本における「社会政策」・「労働問題」研究』

ジョン・ヘンリー・ウィグモア『Law and Justice in Tokugawa Japan 6G』

計７点

編集部２年目（1982 年度）

労働関係が多いが、次第に政治学関係へシフトしているのが刊行物に現れてきている。竹前栄治先生の浩瀚な学術書である『戦後労働改革』は労働関係図書優秀賞を授賞。式では、隅谷三喜雄先生が授与者であり、「いい本をつくられましたね」と声をかけられたのが、とても嬉しかった。

竹前栄治『戦後労働改革―― GHQ 労働政策史』　労働関係図書優秀賞

山本潔『日本の賃金・労働時間』

吉馴明子『海老名弾正の政治思想』

下斗米伸夫『ソビエト政治と労働組合――ネップ期政治史序説』

中西洋『日本近代化の基礎過程——長崎造船所とその労資関係 1855－1900年　上』
戸塚秀夫『労働運動の針路——労使関係調査からのメッセイジ』
細谷千博編『太平洋・アジア圏の国際経済紛争史 1922－1945』
計7点　受賞1件

編集部3年目（1983年度）
自己企画が増え始め、政治学や国際政治学に重点が置かれつつあることがみえる。本が売れることのワクワク感を実感した年であった。
升味準之輔『戦後政治 1945－55年 上』
升味準之輔『戦後政治 1945－55年 下』
（丸山眞男『日本政治思想史研究　新装版』校正の手伝い）
（京極純一『日本の政治』重版担当）
坂井雄吉『井上毅と明治国家』
石田雄『近代日本の政治文化と言語象徴』
中西洋『日本近代化の基礎過程——長崎造船所とその労資関係 1855－1900年　中』
細野昭雄『ラテンアメリカの経済』　発展途上国研究奨励賞
隅谷三喜男『日本社会思想の座標軸』
石田雄『日本の社会科学』
入江昭・有賀貞編『戦間期の日本外交』
計9点　受賞1件

編集部4年目（1984年度）
この年は、大型企画の開発に傾注し、本づくりに2割、企画開発に8割の配分で仕事に取り組んだ時である。猛烈に忙しく、通勤電車やトイレでも、原稿割付・ゲラ読みをした記憶がある。福田歓一『政治学史』は現在も版を重ねている。

衛藤瀋吉・許淑真『鈴江言一伝——中国革命にかけた一日本人』
佐々木毅『プラトンと政治』
五十嵐武士『アメリカの建国』
P. ファルネーティ著 / 馬場康雄訳『危機と革新の政治学——イタリアのデモクラシー』
福田歓一『政治学史』
坂野正高『中国近代化と馬建忠』
升味準之輔『現代政治 1955 年以後 上』
升味準之輔『現代政治 1955 年以後 下』
計８点

編集部５年目（1985 年度）

前年に引き続き企画開発に精力を注いだ年であるが、高木八尺先生を追悼する斎藤眞ほか編『アメリカ精神を求めて』を担当したことは、その後のわたしの編集者人生を規定するものになった。

斎藤眞・本間長世・岩永健吉郎・本橋正・五十嵐武士・加藤幹雄編『アメリカ精神を求めて——高木八尺の生涯』
塩川伸明『スターリン体制下の労働者階級——ソヴェト労働者の構成と状態 1929－1933 年』
高橋直樹『政治学と歴史解釈——ロイド・ジョージの政治的リーダーシップ』
猪口孝『国際関係の政治経済学——日本の役割と選択』
渡辺浩『近世日本社会と宋学』　各務財団優秀図書賞→増補版
岩永健吉郎『戦後日本の政党と外交』
渡辺昭夫・宮里政玄編『サンフランシスコ講和』
福田歓一『学問と人間形成の間』
計８点 受賞１件

編集部 6 年目（1986 年度）

この年以降、ほぼ自己立案企画になる。同時代は学問研究の対象にはならないという批判を踏まえながら、阿部斉『アメリカ現代政治』はじめ各国・地域現代政治の企画に取り組んだ。篠原一『ヨーロッパの政治』は今日でも版を重ねている。入江昭の書き下ろし『二十世紀の戦争と平和』を刊行できたことは、わたしの編集者人生にとってひとつの金字塔である。

京極純一『日本人と政治』

五十嵐武士『対日講和と冷戦——戦後日米関係の形成』→講談社学術文庫

有賀弘・佐々木毅編『民主主義思想の源流』

篠原一『ヨーロッパの政治——歴史政治学試論』

田中善一郎『自民党のドラマツルギー——総裁選出と派閥』

阿部斉『アメリカ現代政治』→第 2 版

升味準之輔『増補ユートピアと権力 ——プラトンからレーニンまで上』

升味準之輔『増補ユートピアと権力——プラトンからレーニンまで下』

三輪公忠『日本・1945 年の視点』→復刊

入江昭『二十世紀の戦争と平和』→増補版

加藤周一・中井晶夫・三輪公忠編『第二次世界大戦と現代——日独仏国際シンポジウム』

京極純一『和風と洋式』→増補版

坂本義和・ウォード編『日本占領の研究』

細谷千博・有賀貞編『国際環境の変容と日米関係』

戸塚秀夫ほか編『現代イギリスの労使関係——自動車・鉄鋼業の事例研究　上』

計 15 点

編集部７年目（1987 年度）

この年度は翌年度からの大型シリーズ「現代政治学叢書」および翌々年度の「講座国際政治」の準備に追われ、自己立案企画を自分だけでは担当し切れなくなり、他の編集部員に本づくりを委ね始めることになった。ただし、原稿読みとゲラ読みは欠かさなかった。

有賀貞『アメリカ史概論』
森山茂徳『近代日韓関係史研究――朝鮮植民地化と国際関係』
加藤節『ジョン・ロックの思想世界――神と人間との間』　桜田会賞
水谷三公『英国貴族と近代――持続する統治 1640－1880』
下斗米伸夫『ソ連現代政治』→第２版
仁田道夫『日本の労働者参加』
戸塚秀夫ほか『現代イギリスの労使関係――自動車・鉄鋼業の事例研究　下』
升味準之輔『日本政治史１　幕末維新、明治国家の成立』
計８点 受賞１件

編集部８年目（1988 年度）

個人書き下ろしシリーズ「現代政治学叢書」全 20 巻の刊行を開始。モーレツに忙しかった。よく死ななかったと思う。また、図書賞受賞が続き、自分でも驚くほどであった。

二村一夫『足尾暴動の史的分析――鉱山労働者の社会史』労働関係図書優秀賞
猪口孝『国家と社会』（現代政治学叢書１）
升味準之輔『日本政治史２　藩閥支配、政党政治』
村松岐夫『地方自治』（現代政治学叢書 15）　東京市政調査会藤田賞
西尾隆『日本森林行政史の研究――環境保全の源流』→増補新装版
有賀貞『アメリカ革命』
岡沢憲芙『政党』（現代政治学叢書 13）→オンデマンド版

升味準之輔『日本政治史３　政党の凋落、総力戦体制』
本間長世編『現代アメリカの出現』
堀豊彦（田口富久治・藤原保信編集）『デモクラシーと抵抗権』
（恒川恵市『従属の政治経済学　メキシコ』重版担当）
岩井奉信『立法過程』（現代政治学叢書 12）
辻中豊『利益集団』（現代政治学叢書 14）
岡沢憲芙『スウェーデン現代政治』 NIRA 政策研究・東畑賞
小林良彰『公共選択』（現代政治学叢書９） 慶応法学部賞
久保文明『ニューディールとアメリカ民主政――農業政策をめぐる政治過程』桜田会賞、慶応義塾賞
川口浩・渡辺昭夫編『太平洋国家オーストラリア』
蒲島郁夫『政治参加』（現代政治学叢書６）
升味準之輔『日本政治史４　占領改革、自民党支配』
吉岡知哉『ジャン＝ジャック・ルソー論』 渋沢クローデル賞
秦郁彦編『世界諸国の制度・組織・人事 1840－1987』 菊池寛賞
山本吉宣『国際的相互依存』（現代政治学叢書 18）
氏原正治郎『日本経済と雇用政策』
氏原正治郎『日本の労使関係と労働政策』
佐藤英夫『対外政策』（現代政治学叢書 20）
鶴見和子・川田侃編『内発的発展論』 NIRA 政策研究・東畑賞
薬師寺泰蔵『公共政策』（現代政治学叢書 10）
計 26 点 受賞８件

編集部９年目（1989 年度）

「現代政治学叢書」の刊行が続いた。そして「講座国際政治」全５巻の刊行開始となったが、刊行中にベルリンの壁の崩壊があり、その激動を見据えることができなかったのは心残りとなった。また丸山真男・福田歓一編『聞き書 南原繁回顧録』に携わったことは日本近代

学問史、特に「学問と自由」への関心の大きな呼び水となった。
小田英郎『アフリカ現代政治』
ルシアン・ビアンコ著 / 坂野正高訳・坪井善明補訳『中国革命の起源 1915－1949』
田中明彦『世界システム』（現代政治学叢書 19）
遠藤公嗣『日本占領と労資関係政策の形成』
猪口邦子『戦争と平和』（現代政治学叢書 17）　吉野作造賞
中野実『革命』（現代政治学叢書４）
丸山真男・福田歓一編『聞き書 南原繁回顧録』
有賀貞・宇野重昭・木戸蓊・山本吉宣・渡辺昭夫編『講座国際政治１ 国際政治の理論』
有賀貞・宇野重昭・木戸蓊・山本吉宣・渡辺昭夫編『講座国際政治２ 外交政策』
有賀貞・宇野重昭・木戸蓊・山本吉宣・渡辺昭夫編『講座国際政治３ 現代世界の分離と統合』
山口定『政治体制』（現代政治学叢書３）
石田雄『日本の政治と言葉（上）――「自由」と「福祉」』　毎日出版文化賞
有賀貞・宇野重昭・木戸蓊・山本吉宣・渡辺昭夫編『講座国際政治４ 日本の外交』
今田高俊『社会階層と政治』（現代政治学叢書７）→オンデマンド版
石田雄『日本の政治と言葉（下）――「平和」と「国家」』　毎日出版文化賞
三宅一郎『投票行動』（現代政治学叢書５）
有賀貞・宇野重昭・木戸蓊・山本吉宣・渡辺昭夫編『講座国際政治５ 現代世界の課題』
戸塚秀夫・中村圭介・梅澤隆『日本のソフトウェア産業――経営と技術者』　テレコム社会科学賞、経営科学文献賞

佐藤英夫編『国際関係入門』
西尾勝『行政学の基礎概念』
計20点 受賞4件

編集部10年目（1990年度）

1989年の激動——昭和天皇の逝去、中国天安門事件、ベルリンの壁の崩壊——という事態を受け、どのような本を社会に向けて発信するか、迷いつつも、優れた本を提供しようとし、企画としては政治学分野を超えてアジア志向に重心を移していった年度であった。

樋渡由美『戦後政治と日米関係』
下斗米伸夫『ソ連現代政治　第2版』→ロシア現代政治
升味準之輔『比較政治Ⅰ　西欧と日本』
阿部斉・新藤宗幸・川人貞史『概説　現代日本の政治』→現代日本政治入門
大嶽秀夫『政策過程』（現代政治学叢書11）
猪口孝『交渉・同盟・戦争　東アジアの国際政治』
百瀬宏編『ヨーロッパ小国の国際政治』
労働争議史研究会編『日本の労働争議1945－80年』
松本礼二『トクヴィル研究——家族・宗教・国家とデモクラシー』
坪井善明『近代ヴェトナム政治社会史——阮朝嗣徳帝統治下のヴェトナム』
小林良彰『現代日本の選挙』
平島健司『ワイマール共和国の崩壊』
計12点

編集部11年目（1991年度）

次年度以降のシリーズ・講座物を準備しつつ、太平洋戦争開戦50年を意識して入江昭『太平洋戦争の起源』を刊行。また、松下圭一『政

策型思考と政治』はわたし自身の思考の変換を促す刺激的な企画であった。一方、1991年7月から1年間、労働組合委員長を務め、それに多大な時間とエネルギーを投入した時でもある。
田中明彦『日中関係1949－1990』
樋渡展洋『戦後日本の市場と政治』
阿部斉・五十嵐武士編『アメリカ現代政治の分析』
岩崎美紀子『カナダ現代政治』　カナダ首相出版賞
塩川伸明『ソヴェト社会政策史研究——ネップ・スターリン時代・ペレストロイカ』
辻清明『公務員制の研究』
本間長世『アメリカ史像の探求』
秦郁彦編『日本陸海軍総合事典』　菊池寛賞→第2版
入江昭著／篠原初枝訳『太平洋戦争の起源』
阿部斉『概説　現代政治の理論』→オンデマンド版
井上雅雄『日本の労働者自主管理』
佐口和郎『日本における産業民主主義の前提——労使懇談制度から産業報国会へ』
松下圭一『政策型思考と政治』　NIRA政策研究・東畑賞
酒井哲哉『大正デモクラシー体制の崩壊——内政と外交』
田中明彦・山本吉宣『戦争と国際システム』→オンデマンド版
計15点　受賞3件

編集部12年目／編集部長1年目（1992年度）
斎藤眞『アメリカ革命史研究』を刊行。「東アジアの国家と社会」全6巻の刊行開始。高山博『中世地中海世界とシチリア王国』刊行。領域を広げるとともに、歴史学を管轄する編集部長に就任。編集管理職として舵取りに難しさを覚え、不惑の歳に惑い続ける時期だった。
西崎文子『アメリカ冷戦政策と国連1945－50』

岡部達味『国際政治の分析枠組』→オンデマンド版
中野実『現代日本の政策過程』
斎藤眞『アメリカ革命史研究——自由と統合』
小檜山ルイ『アメリカ婦人宣教師——来日の背景とその影響』 女性史青山なを賞、日本キリスト教史学会研究奨励賞
阿部斉『アメリカ現代政治』第２版
渡辺昭夫『アジア太平洋の国際関係と日本』
緒方貞子著／添谷芳秀訳『戦後日中・米中関係』→オンデマンド版
天児慧『中国——溶変する社会主義大国』（東アジアの国家と社会１）
若林正丈『台湾——分裂国家と民主化』（東アジアの国家と社会２） サントリー学芸賞
川人貞史『日本の政党政治 1890－1937 年——議会分析と選挙の数量分析』
服部民夫『韓国——ネットワークと政治文化』（東アジアの国家と社会４）
鐸木昌之『北朝鮮——社会主義と伝統の共鳴』（東アジアの国家と社会３） アジア太平洋賞→勉誠出版
五十嵐武士『政策革新の政治学——レーガン政権下のアメリカ政治』
長田豊臣『南北戦争と国家』
大串和雄『軍と革命——ペルー軍事政権の研究』 大平正芳記念賞
白石昌也『ベトナム——革命と建設のはざま』（東アジアの国家と社会５）
石田光男・井上雅雄・上井喜彦・仁田道夫編『労使関係の比較研究——欧米諸国と日本』
高山博『中世地中海世界とシチリア王国』 サントリー学芸賞、地中海学会賞、マルコ・ポーロ賞
赤根屋達雄『日本のガット加入問題——レジーム理論の視角による事例研究』 サントリー学芸賞

本橋正『アメリカ外交史概説』
金三洙『韓国資本主義国家の成立過程 1945－53 年――政治体制・労働運動・労働政策』
山内進『掠奪の法観念史――中・近世ヨーロッパの人・戦争・法』→増補新装版
計 22 点 受賞 9 件

編集部 13 年目／編集部長 2 年目（93 年度）
編集部長として東大教養学部の人文社会系企画も管轄することになり、それは次年度以降の『いま、なぜ民族か』や『知の技法』（担当者は別）はじめとしての「駒場本」として結実する。
猪口孝『日本――経済大国の政治運営』（東アジアの国家と社会 6）
升味準之輔『比較政治 2　アメリカとロシア』
中野勝郎『アメリカ連邦体制の確立――ハミルトンと共和政』
升味準之輔『比較政治 3　東アジアと日本』
細谷千博・本間長世・入江昭・波多野澄雄編『太平洋戦争』
飯尾潤『民営化の政治過程――臨調型改革の成果と限界』
百瀬宏『国際関係学』
加藤節編『デモクラシーの未来――アジアとヨーロッパ』
麻田貞雄『両大戦間の日米関係――海軍と政策決定過程』 吉野作造賞
河野康子『沖縄返還をめぐる政治と外交――日米関係史の文脈』 大平正芳記念賞
加藤節・宮島喬編『難民』
上井喜彦『労働組合の職場規制――日本自動車産業の事例研究』 社会政策学会賞
山本潔『日本における職場の技術・労働史 1854－1990 年』 社会政策学会賞

宇野重昭・天児慧編『20世紀の中国――政治変動と国際契機』
計14点 受賞4件

編集部14年目／編集部長3年目（94年度）
アジアシフトの企画の一つが「講座アジア」全4巻でありこの年に刊行開始・刊了。もう一つが「中東イスラム世界」全9巻で翌年度から刊行を始める、その準備の年でもあった。
栗田健『日本の労働社会』
蓮實重彦・山内昌之編『いま、なぜ民族か』
有賀弘・阿部斉・斎藤眞『政治――個人と統合』第2版
塚本元『中国における国家建設の試み――湖南1919－1921年』
大嶽秀夫『戦後政治と政治学』→新装版
竹沢泰子『日系アメリカ人のエスニシティ――強制収容と補償運動による変遷』 渋沢賞→新装版
石田憲『地中海新ローマ帝国への道――ファシスト・イタリアの対外政策1935－39』
岡田泰男『フロンティアと開拓者――アメリカ西漸運動の研究』
土屋健治編『講座現代アジア1　ナショナリズムと国民国家』
中兼和津次編『講座現代アジア2　近代化と構造変動』
萩原宜之編『講座現代アジア3　民主化と経済発展』
平野健一郎編『講座現代アジア4　地域システムと国際関係』
宇野重昭・鶴見和子編『内発的発展と外向型発展――現代中国における交錯』
月村太郎『オーストリア＝ハンガリーと少数民族問題――クロアティア人・セルビア人連合成立史』
平島健司『ドイツ現代政治』
三宅一郎『日本の政治と選挙』
三谷太一郎『新版　大正デモクラシー論――吉野作造の時代』→第3

版
草野厚・梅本哲也編『現代日本外交の分析』
細谷千博編『日米関係通史』
廣瀬和子・綿貫譲治編『新国際学――変容と秩序』
計20点　受賞1件

編集部15年目／編集部長4年目（1995年度）
「中東イスラム世界」全9巻の刊行開始。東大教養学部関係の著者の出版が多くなる。
蓮實重彦・山内昌之編『文明の衝突か、共存か』
山内昌之『イスラムとロシア――その後のスルタンガリエフ』（中東イスラム世界1）
杉田英明『日本人の中東発見――逆遠近法のなかの比較文化史』（中東イスラム世界2）　地中海ヘレンド賞、比較文学会賞
石田雄『社会科学再考――敗戦から半世紀の同時代史』
大塚和夫『テクストのマフディズム――スーダンの「土着主義運動」とその展開』（中東イスラム世界3）
古田元夫『ベトナムの世界史――中華世界から東南アジア世界へ』→増補新装版
松浦正孝『日中戦争期における経済と政治――近衛文麿と池田成彬』吉田茂賞→復刊
山内康英『交渉の本質――海洋レジームの転換と日本外交』
高山博『神秘の中世王国――ヨーロッパ、ビザンツ、イスラム文化の十字路』（中東イスラム世界4）
松下圭一『現代政治の基礎理論』
武藤博己『イギリス道路行政史――教区道路からモーターウェイへ』
高橋和夫『燃えあがる海――湾岸現代史』（中東イスラム世界5）
加藤博『文明としてのイスラム――多元的社会叙述の試み』（中東イ

スラム世界６）
王柯『東トルキスタン共和国研究——中国のイスラムと民族問題』サントリー学芸賞
佐々木毅編『自由と自由主義』
三谷太一郎『増補　日本政党政治の形成——原敬の政治指導の展開』
小松久男『革命の中央アジア——あるジャディードの肖像』（中東イスラム世界７）
松本三之介『明治思想における伝統と近代』
佐々木力『生きているトロツキイ』
李鍾元『東アジア冷戦と韓米日関係』　清水賞、大平正芳記念賞、米国賞
坂井榮八郎・保坂一夫編『ヨーロッパ＝ドイツへの道——統一ドイツの現状と課題』
計 21 点　受賞７件

編集部 16 年目／編集部長 5 年目（1996 年度）
編集部の管理職という立場は様々な分野の持込企画を担当することになりレパートリーを広げ、編集業務を編集部員に委ねることが多くなった。「講座現代居住」全５巻を刊行。
御厨貴『政策の総合と権力——日本政治の戦前と戦後』　吉野作造賞
宮村治雄『開国経験の思想史——兆民と時代精神』→増補新装版
内藤正典『アッラーのヨーロッパ——移民とイスラム復興』（中東イスラム世界８）
森山工『墓を生きる人々——マダガスカル、シハナカの社会実践』
増田弘『公職追放——三大政治パージの研究』吉田茂賞
最上敏樹『国際機構論』→第２版
川出良枝『貴族の徳、商業の精神——モンテスキューと専制批判の系譜』　渋沢クローデル賞

恒川恵市『企業と国家』（現代政治学叢書16）→オンデマンド版
蓮實重彦・山内昌之編『地中海　終末論の誘惑』
蒲島郁夫・竹中佳彦『現代日本人のイデオロギー』
ブルース・ラセット著／鴨武彦訳『パクス・デモクラティア——冷戦後世界への原理』
佐原真『食の考古学』
波多野澄雄『太平洋戦争とアジア外交』　吉田茂賞
秦郁彦『盧溝橋事件の研究』
中村圭介『日本の職場と生産システム』　労働関係図書優秀賞
小林良彰『現代日本の政治過程——日本型民主主義の計量分析』
加藤淳子『税制改革と官僚制』　租税資料館賞
城山英明『国際行政の構造』
新藤宗幸『概説日本の地方自治』
佐々木力『学問論——ポストモダニズムに抗して』
西田美昭『近代日本農民運動史研究』
大本圭野・戒能通厚編『講座現代居住１　歴史と思想』
岸本幸臣・鈴木晃編『講座現代居住２　家族と住居』
鈴木浩・中島明子編『講座現代居住３　居住空間の再生』
早川和男・横田清編『講座現代居住４　居住と法・政治・経済』
内田勝一・平山洋介編『講座現代居住５　世界の居住運動』
計26点　受賞6件

編集部17年目／編集局次長１年目（1997年度）
編集局次長に就任。同時に人文系の編集部長と編集製作部門の編集部長を兼任。この以前から、企画も共同で行うものが増え、また入稿した原稿とゲラのチェックを共同担当者に委ねるようになった。
草野厚『政策過程分析入門』→第２版
兵藤釗『労働の戦後史　上』

兵藤釗『労働の戦後史　下』
西成田豊『在日朝鮮人の「世界」と「帝国」国家』
山内昌之・古田元夫編『日本イメージの交錯——アジア太平洋のトポス』
辻内鏡人『アメリカの奴隷制と自由主義』 清水賞
谷口将紀『日本の対米貿易交渉』
金子勝『市場と制度の政治経済学』
飯野正子『日系カナダ人の歴史』 カナダ首相出版賞
久保文明『現代アメリカ政治と公共利益——環境保護をめぐる政治過程』
渡辺浩『東アジアの王権と思想』→増補新装版
藤田勝久『史記戦国史料の研究』
下斗米伸夫『ロシア現代政治』
山影進『ASEAN パワー——アジア太平洋の中核へ』
森田朗編『アジアの地方制度』
山内昌之編訳『史料　スルタンガリエフの夢と現実』
八尾師誠『イラン近代の原像——英雄サッタール・ハーンの革命』（中東イスラム世界9）
計17点 受賞2件

編集部18年目／編集局次長2年目（1998年度）
自然科学部門の編集部長を務めることになる。以下の担当にはあらわれないが、これまでの人文社会系とは異なる多くの著者と付き合うことになり、それはそれで多くの刺激を与えられた。また、担当者は別であるがこの年から「丸山眞男講義録」全7巻の刊行開始（2000年完結）。
天児慧『現代中国——移行期の政治社会』
中西洋『近未来を設計する——「正義」「友愛」そして「善・美」』

中北浩爾『経済復興と戦後政治——日本社会党 1945－1951 年』→復刊
趙宏偉『中国の重層集権体制と経済発展』
竹田いさみ・森健編『オーストラリア入門 』→第２版
阿部斉・五十嵐武士編『アメリカ研究案内』
毛里和子『周縁からの中国——民族問題と国家』
森山茂徳『韓国現代政治』
中井和夫『ウクライナ・ナショナリズム——独立のディレンマ』
内山融『現代日本の国家と市場——石油危機以降の市場の脱「公的領域」化』
山下晋司『バリ　観光人類学のレッスン』
西村美香『日本の公務員給与政策』
佐々木毅『政治学講義』→第２版
細谷千博・有賀貞・石井修・佐々木卓也編『日米関係資料集 1945－97』
五十嵐武士『日米関係と東アジア——歴史的文脈と未来の構想』
計 15 点

編集部 19 年目／編集局長１年目（1999 年度）

編集局長に就く。自然科学部門の編集部長を兼任。「現代中国の構造変動」全７巻、「日英交流史」全５巻の刊行開始。また、公共哲学共同研究会（→公共哲学京都フォーラム）に参加し始める（その成果の刊行は 2001 ～）。

金井利之『財政調整の一般理論』
飯田芳弘『指導者なきドイツ帝国——ヴィルヘルム期ライヒ政治の変容と隘路』
竹中浩『近代ロシアへの転換——大改革時代の自由主義思想』
伊藤彌彦『維新と人心』

大嶽秀夫『高度成長期の政治学』
平野健一郎『国際文化論』
毛里和子編『現代中国の構造変動１　大国中国への視座』
中兼和津次編『現代中国の構造変動２　経済』
西村成雄編『現代中国の構造変動３　ナショナリズム』
木畑洋一ほか編『日英交流史 1600－2000　政治・外交１』
計 10 点

編集部 20 年目／編集局長２年目（2000 年度）
1998 年刊行開始の「丸山眞男講義録」全７巻完結。「社会科学の理論とモデル」全 12 巻刊行開始
北岡伸一・御厨貴編『戦争・復興・発展――昭和政治史における権力と構想』
天児慧編『現代中国の構造変動４　政治』
入江昭『20 世紀の戦争と平和』増補版
木畑洋一ほか編『日英交流史 1600－2000　2　政治・外交』
菱田雅晴編『現代中国の構造変動５　社会――国家との共棲関係』
小林良彰『社会科学の理論とモデル１　選挙・投票行動』
鈴木基史『社会科学の理論とモデル２　国際関係』
盛山和夫『社会科学の理論とモデル３　権力』
細谷千博・斎藤眞・今井清一・蠟山道雄編『開戦に至る十年１～４巻』［日米関係史　改題復刊］
陳肇斌『戦後日本の中国政策』 大平正芳記念賞
宇佐美誠『社会科学の理論とモデル４　決定』
池田謙一『社会科学の理論とモデル５　コミュニケーション』
大塚和夫『近代・イスラームの人類学』
福元健太郎『日本の国会政治―全政府立法の分析』
馬場康雄・平島健司編『ヨーロッパ政治ハンドブック』 →第２版

小島麗逸編『現代中国の構造変動６　環境――成長への制約となるか』
森脇俊雅『社会科学の理論とモデル６　集団・組織』
古田和子『上海ネットワークと近代東アジア』　義塾賞
太田勝造『社会科学の理論とモデル７　法律』
小林正弥『政治的恩顧主義論――日本政治研究序説』
鹿錫俊『中国国民政府の対日政策 1931－1933』
毛里和子編『現代中国の構造変動７　中華世界――アイデンティティの再編』
水島治郎『戦後オランダの政治構造――ネオ・コーポラティズムと所得政策』
田口富久治『戦後日本政治学史』
新藤宗幸『講義現代日本の行政』
田中恭子『現代中国の構造変動８　国際関係――アジア太平洋の地域秩序』
杉山伸也ほか編『日英交流史 1600－2000　４　経済』
計 28 点 受賞２件

編集部 21 年目／編集局長３年目（2001 年度）
［公共哲学第１期（１～10）刊行開始］（以下、受賞記録は略）
秋月謙吾『社会科学の理論とモデル８　行政・地方自治』
朱建栄『毛沢東のベトナム戦争』
平間洋一ほか編『日英交流史 1600－2000　３　軍事』
小野耕二『社会科学の理論とモデル９　比較政治』
五十嵐武士『覇権国アメリカの再編――冷戦後の変革と政治的伝統』
姜再鎬『植民地朝鮮の地方制度』
ケイト・W.ナカイ著／平石直昭・小島康敬・黒住真訳『新井白石の政治戦略――儒学と史論』

都築忠七ほか編『日英交流史 1600－2000　5　社会・文化』
唐亮『変貌する中国政治――漸進路線と民主化』
三谷太一郎『政治制度としての陪審制――近代日本の司法権と政治』
渡辺昭夫・土山實男編『グローバル・ガヴァナンス――政府なき秩序の模索』
藤田勝久『司馬遷とその時代』
飯島昇藏『社会科学の理論とモデル 9　社会契約』
『東京大学法学部白書 1999・2000』
秦郁彦編『日本官僚制総合事典 1868－2000』
佐々木毅・金泰昌編『公共哲学 1　公と私の思想史』
佐々木毅・金泰昌編『公共哲学 2　公と私の社会科学』
秦郁彦編『世界諸国の制度・組織・人事 1840－2000』
佐々木毅・金泰昌編『公共哲学 3　日本における公と私』
佐々木毅・金泰昌編『公共哲学 4　欧米における公と私』
佐々木毅・金泰昌編『公共哲学 5　国家と人間と公共性』
坪井善明『ヴェトナム現代政治』
仁田貝香門編『第三世代の大学――東京大学新領域創成の挑戦』
中山洋平『戦後フランス政治の実験――下からの分権化への道』
佐々木毅・金泰昌編『公共哲学 6　経済からみた公私問題』
鳥越皓之『柳田民俗学のフィロソフィー』
朴鴻圭『山崎闇斎の政治理念』
計 27 点

編集部 22 年目／編集局長 4 年目（2002 年度）
［現代南アジア全 6 巻刊行開始］
佐々木毅・金泰昌編『公共哲学 7　中間集団が開く公共性』
塩野谷祐一『経済と倫理――福祉国家の哲学』
加藤博『イスラム世界論――トリックスターとしての神』

佐々木毅・金泰昌編『公共哲学８　科学技術と公共性』
古矢旬『アメリカニズム――「普遍国家」のナショナリズム』
秦郁彦編『日本近現代人物履歴事典』
西成田豊『中国人強制連行』
佐々木毅・金泰昌編『公共哲学９　地球環境と公共性』
佐々木毅・金泰昌編『公共哲学10　21世紀公共哲学の地平』
福田有広・谷口将紀編『デモクラシーの政治学』
長崎暢子編『現代南アジア１　地域研究への招待』
絵所秀紀編『現代南アジア２　経済自由化のゆくえ』
松浦正孝『財界の政治経済史――井上準之助・郷誠之助・池田成彬の時代』
堀本武功・広瀬崇子編『現代南アジア３　民主主義へのとりくみ』
岡部達味『中国の対外戦略』
中北浩爾『一九五五年体制の成立』
柳澤悠編『現代南アジア４　開発と環境』
小谷汪之編『現代南アジア５　社会・文化・ジェンダー』
関谷昇『近代社会契約説の原理――ホッブス、ロック、ルソー像の統一的再構成』
小林正弥編『丸山眞男論――主体的作為、ファシズム、市民社会』
秋田茂・水島司編『現代南アジア６　世界システムとネットワーク』
佐々木力『コレクション数学史１　デカルトの数学思想』
蓮實重彦・広渡清吾・ヘルドリヒ編『大学の倫理』
中見真理『柳宗悦――時代と思想』
何義麟『二・二八事件――「台湾人」形成のエスノポリティクス』
計25点

編集部23年目／編集局長５年目（2003年度）
［イスラーム地域研究叢書全８巻刊行開始］

林知宏『コレクション数学史２　ライプニッツ――普遍数学の夢』
五百旗頭薫『大隈重信と政党政治――複数政党制の起源　明治14年―大正３年』
花田達朗・廣井脩編『論争　いま、ジャーナリスト教育』
公共哲学ネットワーク編『地球的平和の公共哲学――「反テロ」世界戦争に抗して』
篠原初枝『戦争の法から平和の法へ――戦間期のアメリカ国際法学者』
有満保江『オーストラリアのアイデンティティ――文学にみるその模索と変容』
東京大学東洋文化研究所編『アジア学の将来像』
金柄徹『家船の民族誌――現代日本に生きる海の民』
油井大三郎・遠藤泰生編『浸透するアメリカ、拒まれるアメリカ――拒否のなかのアメリカニゼーション』
高橋秀裕『コレクション数学史３　ニュートン――流率法の変容』
仁田道夫『変化のなかの雇用システム』
金子勇『都市の少子社会――世代共生をめざして』
中西洋『日本近代化の基礎過程（下）――長崎造船所とその労資関係1855－1903年』
五十嵐武士・油井大三郎編『アメリカ研究入門』第３版
『東京大学法学部白書 2001・2002』
佐藤次高編『イスラーム地域研究叢書１　イスラーム地域研究の可能性』
今野元『マックス・ヴェーバーとポーランド問題――ヴィルヘルム期ドイツ・ナショナリズム研究序説』
佐々木毅・山脇直司・村田雄二郎編『東アジアにおける公共知の創出――過去・現在・未来』
C. エルマンほか著／渡辺昭夫ほか訳『国際関係研究へのアプローチ

——歴史学と政治学の対話』
小松久男・小杉泰編『イスラーム地域研究叢書２　現代イスラームの思想と運動』
谷口将紀『現代日本の選挙政治——選挙制度改革を検証する』
私市正年・栗田禎子編『イスラーム地域研究叢書３　イスラーム地域の民衆運動と民主化』
塩野谷祐一・鈴村興太郎・後藤玲子編『福祉の公共哲学』
三浦徹・岸本美緒・関本照夫編『イスラーム地域研究叢書４　比較史のアジア』
松下圭一『戦後政党の発想と文脈』
G. レームブルッフ著／平島健司訳『ヨーロッパ比較政治発展論』
稲垣久和『宗教と公共哲学——生活世界のスピリチュアリティ』
山本潔『日本の労働調査 1945－2000 年』
計 28 点

編集部 24 年目／編集局長 6 年目（2004 年度）
［公共哲学第２期 (11 ～ 15 巻) 刊行開始］
C. E. リンドブロムほか著／藪野祐三ほか訳『政策形成の過程——民主主義と公共性』
荒このみ『アフリカン・アメリカン文学論——「ニグロのイディオム」と想像力』
西尾勝・小林正弥・金泰昌編『公共哲学 11　自治から考える公共性』
編集委員会編『わが歩みし道　南原繁』(新装市販)
R. ラーシェド著／三村太郎訳『コレクション数学史４　アラビア数学の展開』
長谷部恭男・金泰昌編『公共哲学 12　法律から考える公共性』
今田高俊・金泰昌編『公共哲学 13　都市から考える公共性』
小林良彰・金泰昌編『公共哲学 14　リーダーシップから考える公共

性』
藤原帰一・李鍾元・古城佳子・石田淳編『国際政治講座３　経済のグローバル化と国際政治』
宮本久雄・金泰昌編『公共哲学 15　文化と芸能から考える公共性』
三谷博編『東アジアの公論形成』
藤原帰一・李鍾元・古城佳子・石田淳編『国際政治講座２　国際秩序の変動』
犬塚元『デイヴィッド・ヒュームの政治学』
山内進・加藤博・新田一郎編『暴力——比較文明史的考察』
宮本久雄・山脇直司編『公共哲学の古典と将来』
赤堀雅幸・東長靖・堀川徹編『イスラーム地域研究叢書５　イスラームの神秘主義と聖者信仰』
田中善一郎『日本の総選挙 1946－2003』
酒井啓子・臼杵陽編『イスラーム地域研究叢書６　イスラーム地域の国家とナショナリズム』
林佳代子・桝屋友子編『イスラーム地域研究叢書７　記録と表象——史料が語るイスラーム世界』
佐藤賢一『コレクション数学史５　近世日本数学史』
松岡幹夫『日蓮仏教の社会思想的展開　近代日本の宗教的イデオロギー』
加藤博編『イスラーム地域研究叢書８　イスラームの性と文化』
計 22 点

編集部 25 年目／編集局長７年目（2005 年度）

2005 年度（2005 年 10 月に常務理事就任、編集局長及び第２、第５編集部長兼任［編集部長兼任は 2008 年まで］）常務理事就任以降は、個別企画は部員に委ね、シリーズ企画や改訂版、復刊、特別企画の編集に関わるだけになる。［史料で読むアメリカ文化史全６巻刊行開始、

公共哲学第３期（16 ～ 20 巻）刊行開始］
秦郁彦編『日本陸海軍総合事典』第２版
川人貞史『日本の国会制度と政党政治』
亀井俊介・鈴木健介・遠藤泰生編『史料で読むアメリカ文化史１　15 世紀末－1770 年代』
亀井俊介・鈴木健介・荒このみ編『史料で読むアメリカ文化史２　1770 年代－1850 年代』
『東京大学法学部白書 2003 － 2004』
高木鉦作『町内会廃止と「新生活共同体の結成」』
亀井俊介・鈴木健介・有賀夏紀・能登路雅子編『史料で読むアメリカ文化史４　1920 年代－1950 年代』
坂野潤治・新藤宗幸・小林正弥編『憲政の政治学』
稲垣久和・金泰昌編『公共哲学 16　宗教から考える公共性』
新藤宗幸・阿部斉『概説　日本の地方自治』第２版
大貫隆・金泰昌・黒住真・宮本久雄編『一神教とは何か――公共哲学からの問い』
最上敏樹『国際機構論』第２版
平石直昭・金泰昌編『公共哲学 17　知識人から考える公共性』
亀井俊介・鈴木健介・佐々木隆・大井浩二編『史料で読むアメリカ文化史３　1860 年代－1910 年代』
計 14 点

編集部 26 年目／編集局長８年目（2006 年度）
［行政学叢書全 10 巻刊行開始、物語り論全３巻刊行開始］
山脇直司・金泰昌編『公共哲学 18　組織・経営から考える公共性』
今村都南雄『行政学叢書１　官庁セクショナリズム』
新藤宗幸『行政学叢書２　財政投融資』
劉傑・三谷博・楊大慶編『国境を越える歴史認識――日中対話の試

み』
市野川容孝・金泰昌編『公共哲学19　健康・医療から考える公共性』
宮本久雄・大貫隆・山本巍編『受難の意味——アブラハム・イエス・パウロ』
鈴村興太郎・宇佐美誠・金泰昌編『公共哲学20　世代間関係から考える公共性』
大森彌『行政学叢書3　官のシステム』
佐々木毅『知識基盤社会と大学の挑戦——国立大学法人化を超えて』
吉見俊哉編『戦争の表象——東京大学情報学環所蔵第一次大戦期プロパガンダ・ポスター・コレクション』
亀井俊介・鈴木健介・古矢旬編『史料で読むアメリカ文化史5——1960年代-20世紀末』
山崎幹根『国土開発の時代——戦後北海道をめぐる自治と統治』
栗生沢猛夫『タタールのくびき——ロシア史におけるモンゴル支配の研究』
宮本久雄・金泰昌編『物語り論1　他者との出会い』
立花隆編『南原繁の言葉——8月15日・憲法・学問の自由』
宮本久雄・金泰昌編『物語り論2　原初のことば』
南原繁『新装版　文化と国家』
南原繁『新装版　政治理論史』
王逸舟著／天児慧・青山瑠妙編訳『中国外交の新思考』
大嶽秀夫『新左翼の遺産——ニューレフトからポストモダンへ』
宮本久雄・金泰昌編『物語り論3　彼方からの声』
計21点

編集部27年目／編集局長9年目（2007年度）
三谷博・金泰昌編『東アジア歴史対話——国境と世代を超えて』
金井利之『行政学叢書4　自治制度』

西尾勝『行政学叢書5　地方分権改革』
山口二郎『行政学叢書6　内閣制度』
城山英明『行政学叢書7　国際援助行政』
『日本の思想家全10巻　新装復刊』
『東京大学法学部白書2005・2006』
松本三之介『日本の思想家11　吉野作造』
山脇直司『グローカル公共哲学――「活私開公」のヴィジョンのために』
計9点

編集部28年目／編集局長10年目（2008年度）
東京大学編『ACADEMC GROOVE　東京大学アカデミックグルーヴ』
若林正丈『台湾の政治――中華民国台湾化の戦後史』→増補新装版
大瀧雅之編『平成長期不況――政治経済学的アプローチ』
武藤博己『行政学叢書10　道路行政』
アマルティア・セン／後藤玲子著『福祉と正義』
岡沢憲芙『スウェーデンの政治――実験国家の合意形成型政治』
劉傑・川島真編『1945年の歴史認識――〈終戦〉をめぐる日中対話の試み』
計7点

編集部29年目／編集局長11年目（2009年度）
［社会保障と経済全3巻刊行開始］
松本礼二・三浦信孝・宇野重規編『トクヴィルとデモクラシーの現在』
『大内力経済学大系8　日本経済論　下』
歩平編／高原明生編訳『中日関係史1978－2008』
牧原出『行政学叢書8　行政改革と調整のシステム』

『東京大学法学部白書 2007・2008』
趙利済・渡辺利夫・エッカート編『朴正熙の時代——韓国の近代化と経済発展』
宮島洋・西村周三・京極高宣編『社会保障と経済１　企業と労働』
三谷太一郎『ウォール・ストリートと極東——政治における国際金融資本』
宮島洋・西村周三・京極高宣編『社会保障と経済２　財政と所得保障』
有賀貞『国際関係史—— 16 世紀から 1945 年まで』
渡辺浩『近世日本社会と宋学』 増補新装版
宮島洋・西村周三・京極高宣編『社会保障と経済３　社会サービスと地域』
計 12 点

編集部 30 年目／編集局長 12 年目（2010 年度）
［公共する人間全５巻刊行開始］
金泰昌編著『公共哲学を語りあう——中国との対話・共働・開新』
竹内整一・金泰昌編『「おのずから」と「みずから」のあわい——公共する世界を日本思想にさぐる』
真渕勝『社会科学の理論とモデル８　官僚』
金泰昌編著『ともに公共哲学する——日本での対話・共働・開新』
平石直昭・金泰昌編『公共する人間３　横井小楠』
小松裕・金泰昌編『公共する人間４　田中正造』
コール・金泰昌編『公共する人間５　新井奥邃』
片岡龍・金泰昌編『公共する人間１　伊藤仁斎』
南原繁著／マイニア編訳『War and Consciences in Japan: Nambara Shigeru and Asia-Pacific War』
中見真理著訳『In Pursuit of Composite Beauty: Yanagi Soetsu』

計 10 点

編集部 31 年目／編集局長 13 年目（2011 年度）

９月編集局長退任、12 年３月常務理事退任

片岡龍・金泰昌編『公共する人間２　石田梅岩』

『東京大学法学部白書 2009・2010』

矢内原忠雄『新装版　内村鑑三とともに』

鴨下重彦・木畑洋一・池田信雄・川中子義勝編『矢内原忠雄』

升味準之輔著／御厨貴解説『新装版　日本政党史論全７巻』

計５点

③ 2012 年以降

［2012 年４月～ 15 年３月　東京大学出版会常任顧問］

2013 年２月　森山茂徳・原田環編『大韓帝国の保護と併合』

2013 年３月　森亘『医とまごころの道標』

2013 年３月　中見立夫『「満蒙問題」の歴史的構図』

2013 年６月　志茂碩敏『モンゴル帝国史研究　正篇　中央ユーラシア遊牧諸政権の国家構造』

2013 年 12 月　加藤めぐみ『オーストラリア文学にみる日本人像』

2015 年１月　山脇直司編『科学・技術と社会倫理――その統合的思考を探る』

［2015 年３月　常任顧問退任　個別業務の嘱託］

2015 年９月　R. シュペーマン著／宮本久雄・山脇直司監訳『幸福と仁愛――生の自己実現と他者の地平』

2015 年 10 月　五百旗頭真・下斗米伸夫ほか編『日ロ関係史――パラレル・ヒストリーの挑戦』

2021 年３月　志茂碩敏・志茂智子『モンゴル帝国史研究　完篇　中央ユーラシア遊牧諸政権の国家構造』

④北海道大学出版会 2017.5 以降の担当書籍（制作請負および共同担当を含む）

2018 年 3 月　千葉恵『信の哲学――使徒パウロはどこまで共約可能か』上下

2019 年 2 月　藪野祐三『現代日本政治講義――自民党政権を中心として』

2019 年 5 月　マックス・ヴェーバー著／戸田聡訳『宗教社会学論集 第 1 巻上』

2019 年 11 月　清水靖久『丸山真男と戦後民主主義』

2020 年 4 月　三島徳三『新渡戸稲造のまなざし』

2020 年 4 月　相原秀起『追跡 間宮林蔵探検ルート――サハリン・アムール・択捉島へ』

2020 年 4 月　平藤喜久子編『ファシズムと聖なるもの／古代的なるもの』

2020 年 5 月　真鍋一史『宗教意識の国際比較――質問紙調査のデータ分析』

2020 年 9 月　金子勇『ことわざ比較の文化社会学――日英仏の民衆知表現』

2020 年 10 月　服部英二『地球倫理への旅路――力の文明から命の文明へ』

2020 年 12 月　佐々木力『数学的真理の迷宮――懐疑主義との格闘』

2021 年 2 月　村井章介『東アジアのなかの日本文化』

2021 年 2 月　橋場典子『社会的排除と法システム』

2021 年 3 月　戸田聡『古代キリスト教研究論集』

2021 年 7 月　野間秀樹『言語――この希望に満ちたもの』

2021 年 10 月　権錫永『からまりあい重なりあう歴史――植民地朝鮮の文化の力学』

2021年12月　平石直昭『福澤諭吉と丸山眞男――近現代日本の思想的原点』
2021年12月　田村理『人権論の光と影――環大西洋革命期リヴァプールの奴隷解放論争』
2022年5月　大野成樹『ロシアにおける金融と経済成長――政策効果と金融市場に関する実証分析』
2023年3月　李媛『空海の字書――人文情報学から見た篆隷万象名義』
2023年3月　中尾世治・牛島健編著『講座サニテーション学２　社会・文化からみたサニテーション』
同　藤原拓・池見真由編著『講座サニテーション学３　サニテーションが生み出す物質的・経済的価値』
同　原田英典・山内太郎編著『講座サニテーション学４　サニテーションと健康』
2023年3月　原暉之・兎内勇津流・竹野学・池田裕子編『日本帝国の膨張と縮小――シベリア出兵とサハリン・樺太』
2023年11月　福地保馬『労働と健康――ディーセント・ワークの実現を目指して』
2024年3月　川口雄一『南原繁　「戦争」経験の政治学』
2024年4月　山脇直司『分断された世界をつなぐ思想――より善き公正な共生社会のために』
2024年12月　小島康敬校注『乳井貢　志学幼弁』
2025年4月　櫻井義秀・清水香基編『東アジアのアクティブ・エイジング――サードエイジを生きる』
2025年5月　有満保江『オーストラリア文学の地平――「主体の消滅」を問う』